LENGUA

nuevo PROYECTO Trotamundos

3

PRIMARIA

sm

ÍNDICE

Los **Trotamundos** conocen como nadie la importancia de la Lengua. Saben que gracias a ella conseguimos entendernos con otras personas. Además, la Lengua puede ser muy divertida, porque nos puede llevar a un viaje sin límites a través de textos inventados. En este libro visitarás una fábrica de nubes, el país Maschicodelmundo, el planeta Rabicún, el centro de la Tierra, África...
¿Estás a punto para el viaje?

BLOQUE I – LOS TROTAMUNDOS VIVEN LA AVENTURA DEL CONOCIMIENTO

A lo largo de tu viaje vas a encontrar a muchos **Trotamundos** que desean conocerte. Y ¿sabías que tu manera de hablar y de escribir es muy importante? Así que, en esta etapa del viaje, aprenderás a presentarte y a contar lo que te pasa, lo que piensas y lo que sientes.

BLOQUE II – LOS TROTAMUNDOS APRENDEN LA IMPORTANCIA DEL RESPETO

Los viajes te abren los ojos al mundo, te permiten conocer otras maneras de entender la vida y otras formas de pensar y sentir. Por eso, cada vez que escuchas a otra persona es como si abrieras una ventana a un mundo nuevo. Al viajar por las palabras de los demás, descubres su forma de pensar y de sentir. Y así, cuantos más **Trotamundos** conoces y escuchas, más te enriqueces.

BLOQUE III – LOS TROTAMUNDOS DESCUBREN EL VALOR DE LA DIVERSIDAD

Ya sabes que conocer a otros **Trotamundos** como tú te da sabiduría. Pero eso no es lo mejor. Lo mejor de todo es que puedes conseguir que, entre ellos y tú, nazcan los lazos más valiosos del mundo: los de la amistad. ¿Te gustaría tener amigos en todo el mundo?

Este símbolo lo encontrarás en los apartados de este libro en los que se tratan temas relacionados con el respeto a todas las personas y con actividades que promueven la convivencia.

Este símbolo indica que puedes aprender más en **www.primaria.librosvivos.net**

¡Va a ser un viaje tan emocionante que vas a tener miles de cosas que contar! ¿Empezamos a **conocer** a los demás?

¡No puedes perderte esta parte del viaje! No olvides **respetar** a los demás.

Descubre en esta última etapa cómo **apoyar a los demás** con un instrumento mágico: las palabras.

3.º curso

ÍNDICE DE CONTENIDOS

1 CADA OVEJA CON SU PAREJA

¿Sabe algún **Trotamundos** dónde regalan besos? Los besos nos hacen sentirnos queridos. Para conseguir un beso, es importante ser cariñoso con los demás.

Al pequeño sapo de este cuento solo le falta un beso para ser feliz. Si no se lo das tú, ¿quién se lo dará?

¿Quién escribe?

Erwin Moser

Los cuentos de Erwin están llenos de ratones, gatos, leones, sapos…

Si te gustan los animales, ya tienes una cosa en común con este autor.
Si vives en Austria, ya tienes dos.

Y si te gusta leer, estás de suerte, porque los libros de Erwin están traducidos al castellano.

En busca de un beso

Había una vez un pequeño sapo que vivía en una charca. El sapo estaba contento y era feliz, pues tenía todo lo que podía necesitar: una cama y mucha agua limpia.

"Un sapo no necesita nada más", pensaba, hasta que un día...

... vio en un agujero de un árbol a dos ardillas que se daban un beso.

"¡Oh, qué bonito!", pensó el sapo, y se sintió de pronto muy solo.

–¡Yo también quiero que alguien me dé un beso! –dijo, y empezó a buscar en seguida a ese *alguien*.

Por el borde de la charca paseaba una cigüeña.

"¿Querrá darme un beso? –se preguntó el pequeño sapo–. ¡Seguro que sí! Pero tiene el pico muy largo, no va a ser fácil. Será mejor que no le pregunte."

Cerca del bosque se encontró un mosquito.

–¡Espera! –gritó–. Me gustaría darte un besito.

–Tú lo que quieres es comerme, di la verdad –gritó el mosquito–. ¡Pero no me dejaré! ¡Búscate a otro!

Y se alejó volando muy deprisa.

Luego, el sapo se encontró una ratita.

–¿Querrías tú darme un beso? –preguntó el sapo.

La ratita lo miró de arriba abajo y estuvo un rato pensando.

–No, gracias –dijo finalmente–. Eres demasiado verde para mí. Si fueras de color gris y tuvieras orejas, unos ojos más pequeños y bigotes y pelo, entonces quizá...

El pequeño sapo empezaba a sentirse algo triste, pero no se dio por vencido.

"Alguna vez encontraré a alguien que quiera darme un beso –pensó–, ¡y será maravilloso!"

En el campo de zanahorias, se encontró un conejo.

–¿Me das un beso? –le preguntó.

–Yo solo doy besos a las zanahorias –dijo el conejo–. ¡Mira, así...!

¡CRAC! Y dio un fuerte mordisco a una zanahoria.

"¡Ni siquiera sabe lo que es dar un beso!", pensó el pequeño sapo.

El sapo regresó a su charca. Se sentó sobre una piedra y se quedó mirando el agua.

"Nadie quiere darme un beso", pensó muy triste. Entonces vio su reflejo en la superficie del agua. Y, de pronto, se le ocurrió una idea:

–¡Me daré yo mismo un beso!

Justo en el mismo momento en que el sapo se inclinó hacia su reflejo y tocó la superficie del agua con los labios, apareció un pez nadando a toda prisa y... ¡SMUAC! ¡Ocurrió!

El pez creía que había una pulga de agua. Y quería comérsela.

El sapo pensó que el pez le había dado un beso. ¡Ay, qué contento se puso! Daba saltos por la orilla de la charca y no paraba de gritar:

–¡Me han dado un beso! ¡Me han dado un beso!

¡Pobre pequeño sapo!

Esa noche, el sapo durmió muy bien, pues se sentía muy feliz.

Aproximadamente a media noche se acercó una pequeña rana a su cama. La rana amaba al sapo desde hacía mucho tiempo, pero era demasiado tímida para decírselo. Sin embargo, la pequeña rana se inclinó sobre él y le dio un beso...

ERWIN MOSER
El ratón, el sapo y el cerdo. Ediciones SM

COMPRENSIÓN LECTORA

1 Piensa y contesta.

- ¿Quién es el protagonista de la historia?
- ¿Por qué era feliz el sapo al principio?
- ¿Cuándo comenzó a sentirse solo?

2 Escribe en tu cuaderno el nombre de estos animales según el orden en que se los fue encontrando el sapo.

3 Relaciona en tu cuaderno cada animal con lo que le dijo al sapo.

- un mosquito
- una ratita
- un conejo

- Yo solo doy besos a las zanahorias.
- Eres demasiado verde para mí.
- Tú lo que quieres es comerme.

4 ¿Qué significa la expresión "El pequeño sapo *no se dio por vencido*"?

- Dejó de intentar que le dieran un beso.
- Empezó a pensar en otra cosa.
- Siguió intentando lo que quería.

5 El sapo no encontraba a nadie que quisiera darle un beso. Explica qué solución se le ocurrió entonces. ¿Te parece que tuvo una buena idea? ¿Por qué? ¿Qué hubieras hecho tú si hubieses estado en su lugar?

6 El sapo pensaba que el pez le había dado un beso. ¿Crees que estaba en lo cierto? ¿Por qué? Explica quién le dio realmente un beso al sapo. No, el sapo no estaba en lo cierto.

7 El beso es una muestra de cariño, ¿qué otras muestras de cariño conoces?

El orden alfabético

Copia en tu cuaderno el orden en que aparecen las letras en el diccionario.

A B C D E F G H I J K L M N
a b c d e f g h i j k l m n

Ñ O P Q R S T U V W X Y Z
ñ o p q r s t u v w x y z

En el **diccionario** las palabras aparecen ordenadas en **orden alfabético**.

1 Escribe en tu cuaderno la letra que va delante y la letra que va detrás de las siguientes.

__ m __	__ c __	__ f __	__ r __
__ t __	__ i __	__ k __	__ b __
__ h __	__ e __	__ o __	__ w __

2 Ordena alfabéticamente estas palabras. Fíjate en la primera letra de cada una de ellas.

mosquito	ardilla	sapo
verde	zanahoria	piedra
bigotes	charca	rana

3 Todas estas palabras empiezan por la letra *a*. Ordénalas alfabéticamente fijándote en la segunda letra.

árbol	abrazo	agua
algodón	amigo	aparato
astronauta	azúcar	avión

4 Busca en el diccionario estas palabras y cópialas en el orden en que aparecen en él.

llave	charca	colegio
mano	luna	melena
zumo	tiempo	estrella

Recuerda

Las palabras que empiezan por **ch** aparecen en el diccionario en la **c**, y las que empiezan por **ll** están ordenadas dentro de la **l**.

La sílaba. El guion

Observa la nota que encontró el sapo cuando se despertó y fíjate en cómo se dividen las palabras al final de línea.

La **sílaba** es un grupo de sonidos que se pronuncian juntos en un solo **golpe de voz**.

Según el número de sílabas, las **palabras** pueden ser:

- **Monosílabas:** tienen una sílaba, *mar*.
- **Bisílabas:** tienen dos sílabas, *bos-que*.
- **Trisílabas:** tienen tres sílabas, *ce-le-brar*.
- **Polisílabas:** tienen más de tres sílabas, *li-bé-lu-la*.

El **guion** (-) sirve para dividir una palabra cuando no cabe al final de una línea.

1 Copia estas palabras en tu cuaderno y sepáralas en sílabas.

sol sol
charca char-ca
conejo co-ne-jo
rinoceronte ri-no-ce-ron-te
mar mar
rana ra-na
ardilla ar-di-lla
mariposa ma-ri-po-sa

2 Completa esta tabla en tu cuaderno escribiendo dos palabras en cada columna.

MONOSÍLABAS (una sílaba)	BISÍLABAS (dos sílabas)	TRISÍLABAS (tres sílabas)	POLISÍLABAS (más de tres sílabas)

3 Escribe todas las formas posibles de partir al final de una línea estas palabras.

elefante amigo oscuro incoloro helicóptero

Recuerda

Al dividir una palabra, no se pueden separar las letras de una misma sílaba, ni dejar una vocal sola ni al principio ni al final de una línea.

La comunicación

Observa las viñetas.

El turista y los niños consiguen comunicarse a través de gestos.

Las personas nos comunicamos con los demás con palabras, signos, gestos, imágenes o sonidos.

- La **comunicación** es **verbal** si utilizamos palabras o signos.
- La **comunicación** es **no verbal** si utilizamos gestos, imágenes o sonidos.

1 *Di en qué situaciones se produce comunicación verbal y en cuáles comunicación no verbal.*

a) Un peatón se para porque el semáforo está en rojo.

b) Dos niños hablan por teléfono.

c) Lees la carta de un amigo.

d) Un árbitro toca el silbato porque el partido ha terminado.

e) Alguien hace un gesto con la mano para saludarte.

2 *Explica en tu cuaderno qué significa cada una de estas señales.*

A

B

C

D

E

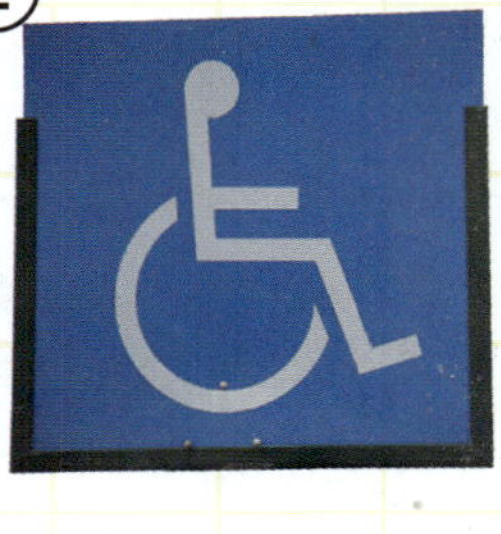

3 Explica qué se comunica en estas situaciones y de qué forma se hace. Indica en cada caso si se trata de comunicación verbal o comunicación no verbal.

Ⓐ

Ⓑ

Ⓒ

4 Clasifica estos medios de comunicación según el lenguaje que utilizan, hablado o escrito.

periódico radio fax
cine teléfono telegrama

Lenguaje hablado **Lenguaje escrito**

5 Escribe en tu cuaderno dos situaciones en las que utilizas el lenguaje hablado y dos situaciones en las que utilizas el lenguaje escrito.

6 Inventa y dibuja en tu cuaderno una señal de peligro y una señal de prohibido. Ten en cuenta que las señales de peligro tienen forma de triángulo, y las de prohibido, forma de círculo.

Peligro:

Prohibido:

7 Indica qué tipos de comunicación, verbal o no verbal, se mencionan en este texto.

¡Por fin de excursión!

Fernando se puso el chándal por la mañana. Por fin se iban de excursión al campo. Mientras caminaba hacia el colegio, iba escuchando la radio con los cascos. Vio a su amiga Huda, que lo saludaba con la mano desde la otra acera. Esperó a que se pusiera el semáforo en verde para cruzar y fueron juntos a clase. Por el camino, un automóvil les tocó el claxon. ¡Qué bien! ¡El autocar de la excursión!

La descripción de personas

Lee este texto, observa el dibujo y di quién es Celia.

Celia va todos los días con otros Trotamundos a observar la charca del bosque donde vive el sapo.

Celia es alta y muy morena. Tiene los ojos negros y el pelo muy oscuro. Siempre lo lleva recogido en dos trenzas. Lleva unos pantalones cortos amarillos y unas zapatillas deportivas.

Es una niña muy alegre y siempre está sonriendo. Le encanta ir a observar los animales de la charca con todos sus amigos, ¡un grupo de Trotamundos!

Describir a una persona es explicar **cómo es físicamente**, cómo va vestida, **cuál es su carácter** y qué le gusta hacer.

1 *Completa en tu cuaderno una ficha como esta sobre Celia.*

RASGOS FÍSICOS		RASGOS DE CARÁCTER
Estatura:	Piel:	
Ojos y pelo:	Lleva:	Le gusta:

2 *Observa las palabras que se utilizan para describir diferentes partes del cuerpo y escribe en tu cuaderno la palabra que sobra en cada caso.*

caracolado

pelo → negro, rubio, canoso, redondo, alborotado, ondulado y ensortijado

nariz → chata, respingona, rápida, recta, pequeña, y grande

3 *Clasifica estas palabras según si se refieren a rasgos físicos o de carácter.*

bajo	perezoso	simpático
alegre	encorvado	corpulento

Rasgos físicos	Rasgos de carácter

4 *Describe a tu mejor amigo. Recuerda que debes explicar cómo es físicamente y cómo es su carácter.*

El principio de los cuentos populares

Lee el principio de estos cuentos populares.

El sastrecillo valiente

Érase una vez un sastre pequeño de altura, pero grande en sueños y fantasías.

El emir y el dragón

Cuentan, allá por las tierras que cubren las arenas, que un día, en un reino lejano, el rey envió mensajeros por todos los rincones anunciando que concedería la mano de su hija al que matara a un dragón que asolaba sus tierras.

Los **cuentos populares** son historias que se han ido contando de unos a otros. Suelen empezar así:
Érase una vez, En un lejano país, Había una vez...

1 ¿Quién es el protagonista de *El sastrecillo valiente*? ¿Cómo era?

2 ¿En qué lugar se empieza a contar el cuento *El emir y el dragón*?

3 ¿Qué problema tenía el rey de *El emir y el dragón*? ¿Cómo espera solucionarlo?

4 Lee el principio de *La Cenicienta* tal y como lo escribió Charles Perrault. Después, cuenta ese mismo principio con tus propias palabras.

Érase una vez un gentilhombre que se casó en segundas nupcias con la mujer más altiva y orgullosa que se pudo ver jamás. Tenía dos hijas de idéntico carácter y que se parecían a ella en todo. El marido tenía por su parte una hija joven, pero de una dulzura y bondad sin igual.

CHARLES PERRAULT

Comunicarse con gestos

El lenguaje del cuerpo

Los gestos nos ayudan a comunicar lo que queremos decir con las palabras. Gracias a ellos, los demás pueden entendernos mejor. Hay momentos en los que un abrazo, un beso o una mirada expresan lo que sentimos mucho mejor que las palabras.

Hay otra forma de comunicación verbal que no usa las palabras, la lengua de signos de las personas sordas. Para comunicarse en lengua de signos, se usan las manos, expresiones faciales, etc. ¡Anímate a aprender la lengua de signos!

Observa estas viñetas.

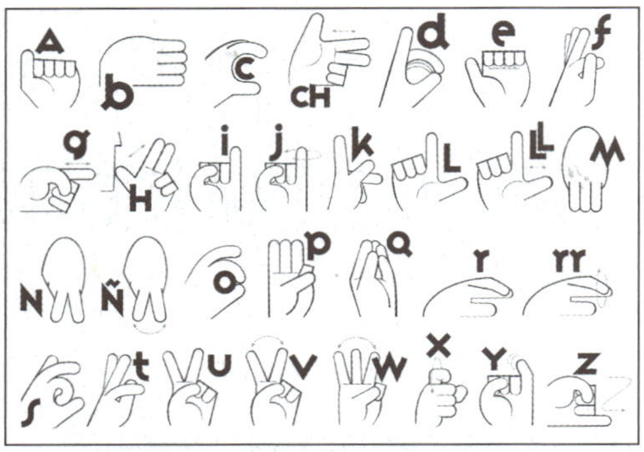

Alfabeto dactilológico

Cuando nos comunicamos mediante **gestos**, no debemos olvidar:

- No ser exagerados.
- Utilizar gestos que todo el mundo entiende.
- Expresar a los demás cómo nos sentimos: contentos, enfadados...

1 *Explica qué comunican estos gestos.*

1 

2 

3 

4 

2 *Deletrea con el alfabeto dactilológico las siguientes palabras.*

- amiga
- cumpleaños
- jugar
- mañana

en Resumen

Repasa la unidad y completa este resumen en tu cuaderno.

diccionario · físicamente · gestos · monosílabas · verbal

guión · cuentos populares · carácter · sílaba · no verbal

- El el ______ las palabras aparecen ordenadas en **orden alfabético**.
- La ______ es un grupo de sonidos que se pronuncian juntos en un solo **golpe de voz**.
- Según el número de sílabas, las palabras pueden ser ______, bisílabas, trisílabas o polisílabas.
- El ______ sirve para dividir una palabra cuando no cabe al final de una línea.
- Las personas nos comunicamos con los demás con palabras, signos ______, imágenes o sonidos. Si utilizamos palabras, habladas o escritas, o signos, la comunicación es ______. Si utilizamos gestos, imágenes o sonidos, la comunicación es ______.
- **Describir** a una persona es explicar cómo es ______, cómo va vestida, cuál es su ______ y qué le gusta hacer.
- Los ______ son historias que se han ido contando de unos a otros.

ACTIVIDADES PARA REVISAR TU ORTOGRAFÍA

1. *Lee el dictado y fíjate en cómo están partidas las palabras al final de las líneas. Después, cópialo en tu cuaderno.*

La fiesta de cumpleaños de la ranita fue muy **diver-**
tida. Asistieron muchos animales del bosque. Allí **es-**
taban la culebra y el lagarto, el ciempiés, las **ara-**
ñas, los caracoles, los ratones, los gusanos y **mu-**
chos invitados más. El pequeño sapo se lo **pa-**
só fenomenal.

2. *Divide en sílabas estas palabras.*

abeja	colmena	lagarto	aldea
plantas	bosque	oculto	fácil
peluca	relojero	armadillo	números

1. Localiza en cada grupo la palabra que no está ordenada alfabéticamente y colócala en el lugar adecuado.

estatua sierra galleta iglú lluvia

oca orangután oro ovillo olor

pezuña unicornio tocadiscos vivir voz

andar árbol barco casa brisa

2. Observa este texto y copia en tu cuaderno las palabras que están divididas por un guión. ¿Puedes dividirlas de otra forma?

3. Divide en tu cuaderno estas palabras con un guión, de todas las formas posibles.

manzana	plátano	noticia
camino	pelota	dibujo

4. Con cada grupo de letras forma palabras bisílabas que tengan los siguientes significados.

M A G O

- Objeto que se usa para borrar →
- Persona que practica la magia →
- Animal parecido al ciervo →

O S P A

- Movimiento que se realiza al andar →
- Comida →
- Animal parecido a la rana →

5. Relaciona cada situación con el tipo de comunicación que se utiliza: verbal, no verbal o ambas.

Comunicación verbal

Comunicación no verbal

PON A PRUEBA TUS COMPETENCIAS

El horario de 3.º A

Profesora tutora: *Ana Murillo*

	LUNES	MARTES	MIÉRCOLES	JUEVES	VIERNES
09:00 09:50	Educación Física	Lengua	Lengua	Lengua	Religión / Alternativa
09:50 10:40	Lengua	Educación Física	Música	Matemáticas	Matemáticas
10:40 11:10	Recreo				
11:10 12:00	Matemáticas	Inglés	Matemáticas	Inglés	Plástica
15:00 16:00	Conocimiento del Medio	Matemáticas	Conocimiento del Medio	Conocimiento del Medio	Conocimiento del Medio
16:00 17:00	Plástica	Religión / Alternativa	Inglés	Educación Física	Lengua

1. *¿Qué información ofrece la tabla anterior?*

2. *Observa cuántas filas y cuántas columnas hay en la tabla. ¿Qué indica cada fila? ¿Qué indica la línea más gruesa?*

3. *Fíjate en la tabla y responde a las preguntas.*

- ¿A qué hora hay Educación Física los jueves?
- ¿Qué día hay Música? ¿Qué asignaturas tienen más horas en la semana? ¿Cuántas horas?
- ¿Cuántas horas de Plástica se dan a la semana?

4. *¿En qué se parece el horario de esta clase al tuyo? Escribe tres diferencias.*

Autoevaluación de la unidad 1

2 DE BOCA EN BOCA

Antiguamente, cuando no había televisión ni periódicos, los **Trotamundos** eran los que llevaban las noticias de un lugar a otro. Viajaban tanto que conocían muchas historias y curiosidades de países lejanos.

En este texto, un trotamundos cuenta a una reina triste una vieja leyenda. Según esta leyenda, existe un remedio contra la calvicie. Al escuchar la noticia, la reina casi da saltos de alegría. ¿Por qué le interesará tanto esta historia?

¿ Quién escribe ?

Mercè Company

Mercè es catalana. ¿Y sabes qué quiere decir su apellido, Company? Compañero, amigo. Quizá por eso escribe historias que hacen que nunca nos sintamos solos. ¿Verdad que un libro hace compañía?

Una buena noticia

Todos los forasteros que acudían al reino enmudecían de sorpresa porque... ¿Podéis imaginaros a una reina que tenga cara de reina, vestidos de reina, castillo de reina y solo siete pelos en su reluciente cabeza?

Pues así era la soberana de un pequeño reino situado entre Valle Chico y Valle Grande. Todo el mundo la conocía como "la reina Calva".

La reina estaba muy apenada por su calvicie. La noticia llegó hasta los oídos de un **trovador** que, con su zurrón cargado de buen humor y canciones, andaba de un lado para otro.

Sin **demorarse** un instante, se puso en camino.

–¿Qué puedo hacer por ti, trotamundos? –le preguntó la reina Calva amablemente.

–Tenéis que saber, majestad, que soy un trovador; ahora estoy aquí..., mañana estaré allí... Y así, rodando y escuchando, he conocido gente de todo tipo y he oído muchas historias. Una vez me contaron una vieja leyenda. Si la queréis escuchar...

–Empieza, te escucharé con atención.

trovador: poeta de la época medieval.

demorarse: entretenerse.

El hombre empezó a contar:

Dicen que hace mucho tiempo, en Vallgorguina,
a la sombra de un roble y una encina,
vivía una niña hermosa, muy fina,
pero, ¡ay!, calva como una bombilla.
Dicen que su cabecita era como el más lindo botón,
y las **nacaradas** *orejitas* **emergían**
como asas de un pequeño jarrón.
Dicen, también, que la muchachita
gemía y gemía porque la llamaban
Lironda Palmón.

Hasta que un día, ¡oh!, ¡qué dichosa suerte!,
a lomos de un caballo llegó la solución.
La traía un rey de brillantes cabellos,
cabellos de oro puro que relucían al sol.
El rey iba de paso, pero se detuvo
al ver las lágrimas de Lironda Palmón.

nacaradas: de color blanco como el nácar.

emergían: salían.

"Escúchame con atención –le dijo el monarca–.
Si lindos cabellos quieres peinar,
lo que te voy a dar tienes que usar.
De los míos, tres cabellos te daré
y en la cabeza te los pondré.
Y cuando la luna haya adelgazado,
abundantes cabellos habrás peinado.

Y también dicen y dicen...
que los bucles de oro de Bella Palmón
a todos causan admiración.

–¿Es cierto lo que has dicho? ¿Existe un rey que tiene la solución para la calvicie?

–Es solo una leyenda, majestad –dijo el hombre–. Pero... ¿no dicen que cuando el río suena, agua lleva?

La soberana estaba muy alterada; si no hubiera sido porque era una verdadera dama, inmediatamente hubiera ordenado ensillar su mejor caballo y partir velozmente en busca de ese rey **prodigioso**; pero su condición real no le permitía ser tan **espontánea**. Intentó serenarse y dijo:

–Te estoy muy agradecida, trovador. Siempre que vengas a mi reino, serás muy bien recibido.

MERCÈ COMPANY
La reina Calva. Ediciones SM

prodigioso: extraordinario o maravilloso.

espontánea: persona que actúa de manera natural y sincera.

COMPRENSIÓN LECTORA

1 Piensa y contesta.

- ¿Dónde sucede la historia?
- ¿Por qué estaba triste la reina?
- ¿Quién intentó consolar a la reina? ¿Cómo lo consiguió?
- ¿Cómo era conocida la reina por todo el mundo?

2 El trovador le cuenta a la reina una leyenda. Ordena en tu cuaderno las viñetas según el orden en que ocurre la historia.

Ⓐ

Ⓑ

Ⓒ

3 Completa las comparaciones que aparecen en la leyenda de Lironda Palmón.

Era una niña calva como una _____

Su cabecita era como el más lindo _____

Sus orejitas emergían como _____

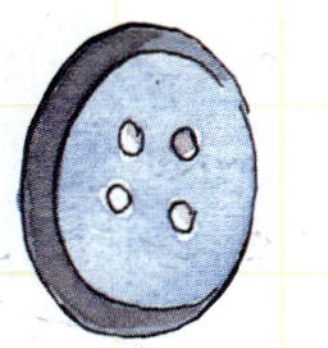

4 Explica el significado del refrán *Cuando el río suena, agua lleva*. ¿Qué crees que quiso decirle el trovador a la reina con este refrán?

5 ¿Qué hizo la reina cuando el trovador terminó de contar la leyenda?

- Mandó ensillar su caballo y partió en busca del rey.
- Se serenó y le dio las gracias al trovador.
- Se quedó callada y pensativa.

6 ¿Por qué crees que la reina le dio las gracias al trovador aunque este no hizo que le creciera el pelo?

7 ¿Qué crees que hizo la reina después de despedir al trovador? Inventa y escribe en tres líneas cómo podría continuar la historia.

VOCABULARIO

Los sinónimos

Lee estas oraciones y fíjate en la palabra marcada.

- La **reina** de aquel reino era calva.
- La **soberana** de aquel reino era calva.

Las palabras *reina* y *soberana* son **sinónimos**.

Los **sinónimos** son las palabras que tienen el **mismo significado**.

1 *Relaciona en tu cuaderno las palabras que tienen el mismo significado.*

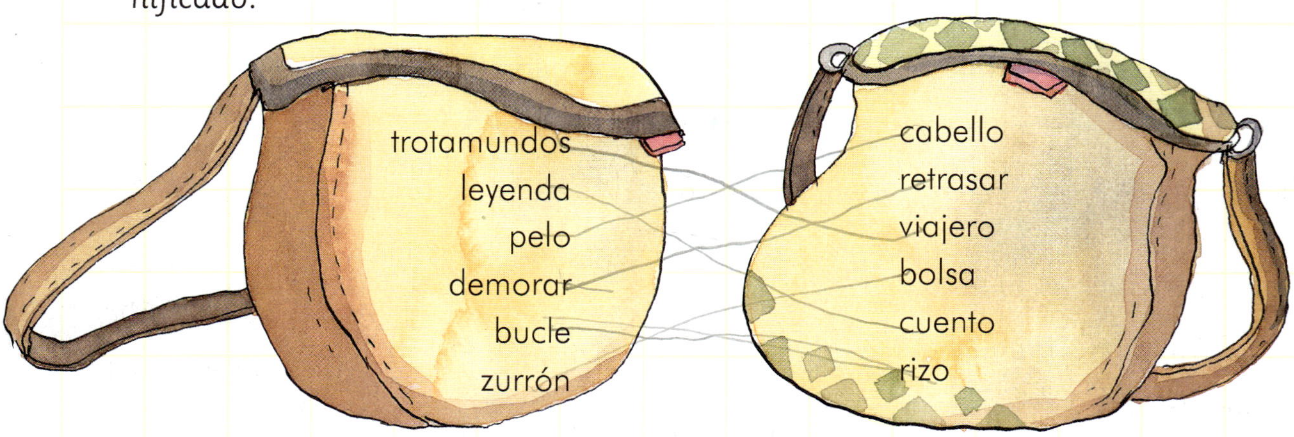

2 *Sustituye las palabras destacadas por un sinónimo y escribe las oraciones en tu cuaderno.*

- La película va a **empezar** a las ocho.
- Marta llegó **agotada** de aquel viaje.
- Nuestro **plan** está saliendo como pensábamos.
- Cuando vamos al pueblo, mi abuelo está **feliz**.
- Tengo que **hablar** sobre esto con María.

proyecto
encantado
cansada
charlar
comenzar

3 *Consulta el diccionario y escribe los sinónimos de estas palabras.*

estupendo	resolver	susurro
diferenciar	camino	enorme

El punto. Los signos de interrogación y de exclamación

Observa la conversación entre la reina y el trovador y fíjate en los signos de puntuación marcados.

Se escribe **punto** (.) al final de cada oración. **Después** de punto siempre se escribe **mayúscula**.

Los **signos de interrogación** (**¿...?**) se escriben al principio y al final de una pregunta.

Los **signos de exclamación** (**¡...!**) se escriben al principio y al final de una frase para expresar alegría, miedo, sorpresa o dolor .

1 *Escribe las preguntas que corresponden a estas respuestas.*

Tengo 9 años.

El libro está encima de la mesa.

Juan vendrá mañana.

Me gusta el helado de chocolate.

Recuerda

Después de los signos de interrogación y de exclamación nunca se escribe punto.

2 *Copia y completa con los signos de puntuación que faltan.*

- El médico me ha recetado un jarabe para la tos.
- ¿Te apetece un vaso de leche con galletas?
- ¡Qué bien lo hemos pasado!
- El oso polar vive en lugares muy fríos.

3 *Escribe en tu cuaderno lo que diría en cada caso el trovador.*

A

B

C

Oraciones y palabras

Observa las viñetas.

La **oración** "Te escucharé con atención" tiene cuatro **palabras**.

Las **oraciones** son grupos de palabras puestas en orden que comunican un **mensaje** con **sentido completo**.
Las oraciones siempre tienen **verbo**.

1 *Di en qué situaciones se produce comunicación y en cuáles no.*

- El trovador alegró a la reina con su canción.
- Todos mis son amigos estupendos.
- Ven aquí, por favor.
- Mis abuelos son.

2 *¿Cuántas palabras tiene cada una de estas oraciones?*

- La reina estaba muy apenada por su calvicie.
- ¡Escucha!
- Johana baila muy bien.
- Ya están aquí tus primos.

3 *Ordena estos grupos de palabras y forma oraciones.*

tarde colegio. del Vicente a fiesta ha llegado la

mucho la pasear gusta por Me playa.

colección sellos una Adela de tiene antiguos.

4 *Elige una palabra de cada recuadro y forma cuatro oraciones.*

Unos	panadera	juegan	al fútbol.
Las	sol	cuece	mucho.
El	flores	brilla	marchitas.
Aquella	niños	están	el pan.

5 *Escribe este texto correctamente en tu cuaderno.*

¡haz deporte!

todas las mañanas Carlos sale a correr. le
encanta hacer deporte después desayuna muy bien
por eso siempre está sano

también a ti te gusta practicar un deporte? cuál prefieres?
anímate ¡verás qué divertido

Recuerda

Las oraciones empiezan siempre con letra **mayúscula**.
Al final de cada oración se escribe un **punto**, un signo de **interrogación** o un signo de **exclamación**.

6 *Forma todas las oraciones posibles con las siguientes palabras, de manera que cada vez des más información.*

corría · la · veloz · caballo · blanco · por · pradera · el

Oración 1: Corría.

7 *Escribe una oración que explique lo que ocurre en cada viñeta.*

Ⓐ

Ⓑ

Ⓒ

EXPRESIÓN ESCRITA

Formar oraciones

Lee este texto.

Todos los niños esperaban al trovador.
El trovador siempre contaba historias maravillosas.
El otro día, el trovador cantó una canción sobre un gigante muy divertido.

Todos los niños le escuchaban encantados y muy atentos.

¡La canción era preciosa, realmente emocionante!

Formar oraciones consiste en unir palabras para que tengan un sentido completo.

1 *Relaciona las columnas y forma oraciones en tu cuaderno.*

Los árboles	1	5	está en lo alto de la montaña.
Ana y yo	2	3	es mi mejor amigo.
Alberto	3	2	jugamos a la comba.
El tren	4	1	son altos y frondosos.
El castillo	5	4	tenía unos vagones enormes.

2 Copia estas oraciones con las palabras adecuadas.

- Todos ____ (*los* / *el*) días como a las dos.
- Raquel ____ (*escribimos* / *escribe*) una ____ (carta / cartas).
- Mis hermanos ____ (*tiene* / *tienen*) un amigo muy ____ (*divertido* / *divertidos*).

3 *Observa estas viñetas y escribe una oración explicando qué sucede en cada situación.*

Las adivinanzas

Lee y resuelve estas adivinanzas de objetos.

1

Dos compañeras
van al compás,
con los pies delante
y los ojos detrás.

2

Tengo hojas sin ser árbol,
te hablo sin tener voz.
Si me abres, no me quejo.
Adivina quién soy.

3

Soy redonda, soy de goma;
Soy de madera o metal.
Acostumbro a ir a parar
con otra amiga igual.

4

Tengo agujas y no sé coser.
Tengo números y no sé leer.

Las **adivinanzas** son pequeñas **poesías** que dan pistas para descubrir la solución a una pregunta.

1 En la primera adivinanza, ¿qué son los pies? ¿Qué son los ojos?

2 La segunda adivinanza, ¿a qué hojas se refiere? ¿Qué tipo de comunicación verbal o no verbal utiliza el objeto de la adivinanza?

3 ¿Cuántas agujas tiene el objeto de la cuarta adivinanza? ¿Qué números tiene?

4 Completa en tu cuaderno esta adivinanza de la letra "L" con las palabras del recuadro.

Plutón	Sol	Luna	Tierra

En la ______ es la primera
y la segunda en ______
En la ______ no se encuentra
y es la última en el ______

EXPRESIÓN ORAL

Presentarse

Lo mejor de cada uno

Cuando conocemos a alguien es habitual que nos presentemos. Es importante que les contemos cómo somos y cuáles son nuestras aficiones.

Si nos presentamos de una manera agradable, los demás querrán conocernos mejor y ser nuestros amigos. Un poco de buen humor y una sonrisa también nos pueden ayudar a hacer ese primer encuentro más ameno.

Observa estas viñetas.

Cuando nos presentamos a otras personas no debemos olvidar:

- **Decir nuestro nombre y qué años tenemos: *Me llamo... Tengo... años.***
- **Expresar nuestros gustos y aficiones: *Lo que más me gusta es... Me encanta... Quiero ser...***

1 *¿Cómo te presentarías en cada una de estas situaciones?*

- Un nuevo vecino de tu edad quiere conocerte.
- Llegas nuevo a una clase y te piden que hables de ti.
- Tienes que formar un equipo para jugar con otros compañeros que tienen diferentes aficiones.
- Escribes una carta a un niño de otro país que no te conoce y quieres decirle cómo eres.

en Resumen

Repasa la unidad y completa este resumen en tu cuaderno.

punto · **sinónimos** · **interrogación** · **mayúscula** · **poesías** · **oraciones** · **palabras** · **exclamación** · **verbo**

- Los ______ son las palabras que tienen el **mismo significado**.
- Se escribe ______ al final de cada oración. Después de punto se escribe ______.
- Los signos de ______ se escriben al principio y al final de una pregunta.
- Los signos de ______ se escriben al principio y al final de una frase para expresar alegría, miedo, sorpresa o dolor.
- Las ______ son grupos de palabras puestas en orden que comunican un mensaje con **sentido completo**.
- Las **oraciones** siempre tienen ______.
- **Formar oraciones** consiste en unir ______ para que tengan un sentido completo.
- Las **adivinanzas** son pequeñas ______ que dan pistas para descubrir la solución a una pregunta.

ACTIVIDADES PARA REVISAR TU ORTOGRAFÍA

1. *Lee el dictado fijándote en la primera letra de cada oración y en los signos de puntuación destacadas. Clasifica las oraciones y copia después el dictado en tu cuaderno.*

¡Qué buena noticia me ha traído el trovador! Debo encontrar a ese rey inmediatamente. ¿Dónde estará? ¿Cómo conseguiré dar con él? Haré que un mensajero real pregunte quién sabe dónde vive el rey de los cabellos dorados. Ofreceré una buena recompensa a quien lo encuentre. ¡Qué bien! ¡Pronto podré tener mucho pelo!

Oraciones con signos de interrogación (¿...?)	Oraciones con signos de exclamación (¡...!)
______	______

2. *Escribe estas oraciones en tu cuaderno con los signos de interrogación o de exclamación que faltan.*

- Tienes frío
- Qué susto
- Menuda tormenta
- Ay Cuánto me duele
- Qué comes
- Cuándo quedamos

RECUERDA LO ANTERIOR

1. Ordena alfabéticamente estos nombres, tal como aparecerían en tu agenda.

Chema	Paula
Gracia	Tomás
Teresa	Carla
Alberto	Marina
Gabriel	Ana

2. Localiza las palabras que no están bien colocadas en cada uno de estos grupos de sinónimos.

hablar	veloz
dialogar	tranquilo
adivinar	ágil
conversar	rápido

risa
carcajada
rosquillas
risotada

3. Escribe en tu cuaderno dos oraciones que expliquen lo que ocurre en esta fotografía. ¿Cuántas palabras tiene cada oración?

4. Separa en sílabas estas palabras y clasifícalas.

gato sal primavera noche
paz estrella teléfono zapato

- Monosílabas
- Bisílabas
- Trisílabas
- Polisílabas

5. Ordena las palabras que dicen estos personajes para formar oraciones.

6. Escribe estas oraciones en tu cuaderno con los signos de puntuación que faltan.

Hola, Ana Qué tal estás
A qué hora llega el tren
Qué alegría
Menudo susto

PON A PRUEBA TUS COMPETENCIAS

Un truco matemático

¿Cómo puedes calcular la cantidad de personas que hay en una muchedumbre?

Un buen truco consiste en lo siguiente:

Quieres saber, por ejemplo, cuántas personas hay delante de un edificio. Cuenta las personas de una pequeña parte de la multitud. ¿De cuántas partes como esa se compone la multitud entera?

Ejemplo:

Una multitud de personas.

Se selecciona una pequeña parte: 12 personas.

Se divide la multitud en partes iguales a esa y se obtienen diez partes.

La multitud se compone de 120 personas.

THOMAS BREZINA

Manual de detectives del Equipo Tigre. Ediciones SM

1. *¿Para qué sirve el truco que acabas de leer? Explica tres situaciones en las que sería práctico emplearlo.*

2. *¿Qué operaciones matemáticas tienes que realizar para poner en práctica el truco?*

3. *¿Cuántas personas tiene que haber en esa pequeña parte seleccionada?*
   a) Doce.
   b) Catorce.
   c) Un número no muy grande.

4. *Emplea el método que acabas de aprender para contar rápidamente cuántas ovejas hay en este rebaño.*
   - Elige una pequeña parte del rebaño y cuenta el número de ovejas.
   - ¿Cuántas partes como esa hay?
   - ¿Cuántas ovejas habrá en total?

Autoevaluación de la unidad 2

3 VER PARA CREER

Un buen **Trotamundos** siempre está dispuesto a conocer gente. Además, los trotamundos saben descubrir qué tienen de especial las personas que les rodean. Porque todos tenemos algo distinto que nos hace únicos.

En este cuento conocerás a alguien tan especial como su nombre. ¿Te imaginas cuál puede ser? ¿No se te ocurre *ninguno*?

¿Quién escribe?

Pilar Mateos

Es una suerte que Pilar Mateos se dedicara a escribir. Si no, solo su hijo y su amiga Denise sabrían la historia de *Ninguno*. Pero, al escribirla, la historia se puso a trotar por el mundo y ahora llega hasta ti.

Un nombre muy especial

Si ahora coges el diccionario y buscas la palabra NINGUNO en las páginas de la N, leerás que ninguno significa *nulo, ni uno solo, nadie*; sin embargo, por esta vez, le vamos a llevar la contraria al diccionario.

Ninguno existe, existe de verdad, yo lo he visto, no estoy hablando en broma. *Ninguno* es un niño pelirrojo que tiene cara de sueño, pero la cara nada más; por dentro está muy despierto. Si lo conocieras, te harías amigo suyo en seguida.

Ninguno, al principio, cuando estaba todavía en Primero, no se llamaba así. Ese nombre se lo pusieron después; pero nadie se acuerda ya de cuál era el suyo verdadero. Tampoco tiene importancia. A lo mejor se llama como tú, o como cualquiera de tus amigos.

El caso es que, mientras sus compañeros y sus hermanos iban creciendo de día en día, y había que sacarles a todo correr el dobladillo de los pantalones, *Ninguno* se lo tomaba con mucha calma; parecía que no tenía prisa en crecer, y se quedaba tan pequeño que tenía que **empinarse** para alcanzarse las orejas.

empinarse: ponerse de puntillas.

Pesaba tan poco que tenía que meterse piedras en los bolsillos para que no se lo llevara el viento. Y nadie le hacía caso.

El día en que empezaron el colegio, él y sus amigos se dirigieron a la clase con un montón de libros nuevos. Al niño apenas se le veía, y parecía que la cartera se paseaba sola por el pasillo, y ella sola se colocaba en la mesa de atrás.

Al menos, eso fue lo que pensó el profesor, que se llamaba don Ataúlfo. Don Ataúlfo les saludó con voz grave, se ajustó **meticulosamente** las gafas y examinó las caras de sus alumnos. Creyó **advertir** que en la mesa que estaba junto a la ventana había demasiados niños. Era verdad, porque Tino y Tina se habían sentado en la misma silla; así que don Ataúlfo dijo:

–No os pongáis todos junto a la ventana. Que se levante uno de vosotros y se vaya a la última mesa, que está libre.

meticulosamente: con mucho cuidado.

advertir: darse cuenta de algo.

En la última mesa estaba *Ninguno*, estirando mucho el cuello y tratando de asomarse por encima de los libros para que don Ataúlfo le viera. Dijo tímidamente:

–Esta mesa ya está ocupada, señor profesor.

El profesor estaba muy extrañado porque oía una voz y no sabía de dónde salía; volvió a mirar más atentamente, por si se hubiera equivocado, pero no vio a ningún niño sentado en aquel sitio.

–Por lo que veo, ninguno la está ocupando.

–¡Yo la estoy ocupando! –voceó el niño, con tanta fuerza que don Ataúlfo **se sobresaltó**.

–¿Quién ha gritado? –preguntó.

Sus alumnos se miraban unos a otros y se encogían de hombros.

–Ninguno –decían.

Entonces el niño se subió encima de la silla, para que todos le vieran bien, y dijo:

–¡*Ninguno* soy yo!

Ese mismo día, en el recreo, se decidió que *Ninguno* iba a llamarse así definitivamente.

se sobresaltó: se asustó.

PILAR MATEOS
Historias de Ninguno. Ediciones SM

COMPRENSIÓN LECTORA

1 ¿Cuál es la definición de la palabra *ninguno* que aparece en el diccionario? ¿Qué otro significado tiene en esta historia?

2 Elige las dos características físicas que explican cómo es el protagonista del cuento.

alto | pelirrojo | pequeño | moreno

3 ¿Por qué lo llaman *Ninguno*?

- Porque no habla nunca.
- Porque es tan pequeño que nadie lo ve.
- Porque lleva piedras en los bolsillos.

4 Ordena las viñetas en tu cuaderno según el orden en que ocurre la historia.

5 ¿Qué quieren decir los niños cuando dicen "ninguno"?

6 ¿Qué significa la oración "*Ninguno* está muy despierto."?

- *Ninguno* nunca tiene sueño.
- *Ninguno* madruga mucho.
- *Ninguno* es listo y espabilado.

7 Explica cómo crees que se sentía *Ninguno* cuando nadie le escuchaba. ¿Cómo crees que se sentirá si le escuchan?

VOCABULARIO

Los contrarios

Lee las oraciones y fíjate en la palabra marcada.

Las palabras *libre* y *ocupada* son contrarios.

> Los **contrarios** son las palabras que tienen **significados opuestos**.

1 Copia y relaciona en tu cuaderno las palabras que tienen significado opuesto.

sano	enemigo
encender	distraído
amigo	perder
atento	enfermo
ganar	apagar

2 Escribe en tu cuaderno los contrarios de estas palabras.

lento	seco	pronto	subir
fuerte	recordar	despierto	lejos

3 Completa una tabla como esta con sinónimos y contrarios. Si lo necesitas, consulta el diccionario.

feliz	comienzo
mentira	entretenido

SINÓNIMOS	CONTRARIOS

Recuerda

Los **sinónimos** son las palabras que tienen el mismo significado.

4 Sustituye las palabras marcadas por su contrario y copia las oraciones en tu cuaderno.

- La sopa está **sosa**.
- Cuando llegues, **abre** la ventana, por favor.
- Abdel es **diestro**, porque escribe con la mano **derecha**.

Palabras con *hie-* y *hue-*

Observa cómo se escriben estas palabras.

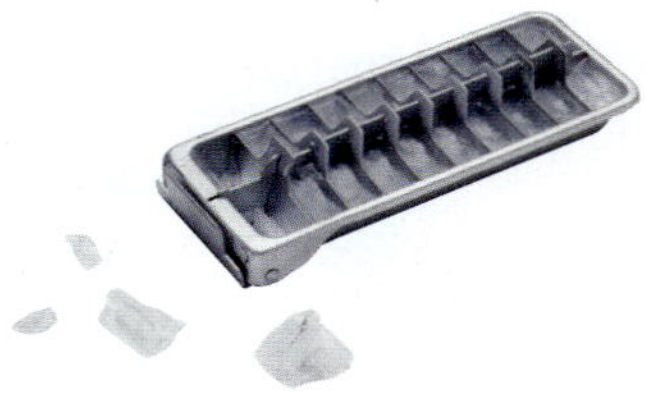

hielo

hierbabuena

hierro

hueso

huevo

huevera

Se escriben con *h* todas las palabras que empiezan por **hie-** y **hue-**.

1 Forma palabras y escríbelas en tu cuaderno.

hie-: -lo, -na, -rba, -dra

hue-: -co, -lla, -rta, -so

2 Completa en tu cuaderno estas oraciones con la palabra adecuada.

- Hay que plantar lechugas en el ______
- El ______ que ha llegado hoy al hotel es muy simpático.
- Llegamos tarde porque había ______ de autobuses.
- Han crecido mucho las malas ______ del jardín.
- La ______ da buen sabor a las comidas.

huésped
hierbas
huerto
hierbabuena
huelga

El sustantivo

Observa la viñeta y fíjate en los letreros.

Las palabras que aparecen en los carteles son **sustantivos**. Las palabras escritas en azul son **sustantivos comunes** y las escritas en rojo son **sustantivos propios**.

Los **sustantivos o nombres** son las palabras que utilizamos para **nombrar** a las personas, los animales, las cosas y los lugares.

Los **sustantivos comunes** nombran a cualquier persona, animal, cosa o lugar.

Los **sustantivos propios** nombran a una persona, animal, cosa o lugar concretos, diferenciándolos de los demás.

1 *Copia en tu cuaderno solo las palabras que son sustantivos.*

gorrión — diccionario — en — gafas — abuelo

contenta — silla — jugar — también

2 *Escribe el sustantivo que utilizarías para nombrar lo siguiente.*

- Persona que apaga incendios:
- Árbol que da cerezas:
- Aparato que se utiliza para hablar a distancia:
- Animal ciego que vuela por la noche:

3 Copia este texto en tu cuaderno y subraya de azul los sustantivos comunes y de rojo los sustantivos propios.

Leer con las manos

En **Asturias** fuimos a la **playa**. Allí conocimos a **Laura**, una **niña** ciega muy simpática que siempre está leyendo. Puede hacerlo gracias al **alfabeto braille**, que consiste en unos **puntos** en relieve sobre el **papel**. **Laura** pasa sus **dedos** por los **puntos** y lee. ¡Conoce mil **historias** emocionantes! Luego se las cuenta a sus **amigos**: **Cecilia**, **Bruno** y **Hamida**.

Recuerda

La primera letra de los **sustantivos propios** se escribe siempre con **mayúscula**.

4 Clasifica estos sustantivos, según si son comunes o propios.

abuela | Teide | Balú | ciudad | Toledo | oso | Elisa | volcán

Sustantivos comunes | Sustantivos propios

5 Escribe en tu cuaderno un sustantivo común y un sustantivo propio para nombrar cada dibujo.

1

2

3

4

6 Completa esta tabla en tu cuaderno con dos ejemplos de cada caso.

SUSTANTIVOS COMUNES	persona	
	animal	
	cosa	
	lugar	
SUSTANTIVOS PROPIOS	persona	
	animal	
	cosa	
	lugar	

7 Escribe tu árbol genealógico. Para ello, anota primero el sustantivo común que indica el parentesco y después el sustantivo propio con el que nombras a cada persona.

EXPRESIÓN ESCRITA

Unir oraciones

El profesor Ataúlfo oyó un grito. **Por eso**, preguntó a sus alumnos quién había sido. **Pero** nadie dijo nada. **Entonces**, Alfonso le contestó que ninguno había gritado. **Y** Ninguno, **que** estaba al fondo de la clase, protestó enfadado: ¡él no había dicho nada!

Para unir oraciones utilizamos palabras como **y**, **que**, **pero**, **para**, **porque**, **entonces**, **mientras**, **por eso**...
Estas palabras se llaman **enlaces**.

1 *Une estas oraciones utilizando los enlaces correspondientes.*

pero	porque	que	y

- Ayer fuimos de excursión a un puente. El puente se llama "puente de la risa".
- Hoy no iremos al parque. Está lloviendo.
- Alberto lleva guantes. Alberto lleva una bufanda roja.
- He buscado por todas partes. No encuentro mi cuaderno.

2 *Ordena las viñetas y escribe en tu cuaderno qué ocurrió. Hazlo primero como si fueras el elefante y después como si fueras uno de los niños. No olvides utilizar enlaces para unir las oraciones.*

Los cuentos de nunca acabar

Lee el cuento de Mi abuela tenía un gato.

–¿Quieres que te cuente un cuento?
–Sí.
–No digas que sí, di que no,
porque mi abuela tenía un gato
con las orejas de trapo
y el hocico del revés.
¿Quieres que te lo cuente otra vez?
–No.
–No digas que no, di que sí,
porque mi abuela tenía un gato
con las orejas de trapo
y el hocico del revés.
¿Quieres que te lo cuente otra vez?

POPULAR

Los **cuentos de nunca acabar** son cuentos populares cortos que se repiten una y otra vez.

1 *Copia en tu cuaderno la palabra que suena parecida a la destacada.*

gato	abuela	orejas	trapo
revés	hocico	vez	cuento

2 *¿Cómo continuaría el cuento si a la pregunta final "Quieres que te lo cuente otra vez", respondieras "Sí"?*

3 *Lee y memoriza este cuento de nunca acabar.*

Esta es la llave de Roma, y toma.
En Roma hay una calle,
en la calle, una casa,
en la casa, un zaguán,
en el zaguán, una cocina,
en la cocina, una sala,
en la sala, una alcoba,
en la alcoba, una dama,
junto a la dama, una mesa,
junto a la mesa, una silla,
en la silla, una jaula,
en la jaula, un pajarito que dice:
Esta es la llave de Roma, y toma...

POPULAR

Contar experiencias personales

Compartir con los demás

A todos nos ha ocurrido alguna vez algo que a los demás les puede gustar oír. Es importante contarlo de manera clara y divertida. Si contamos qué colores se veían, qué sonidos se escuchaban o a qué olía y qué sentíamos en aquel momento, los demás podrán imaginarse mejor la situación.

Compartir con los demás estos momentos hace que nos conozcan mejor y que les apetezca más estar con nosotros.

Observa estas viñetas.

Cuando contamos nuestras experiencias personales, es importante:

- Hacerlo de manera ordenada: *Lo primero que hice fue..., después..., al final...*
- Contar con detalle lo que ocurrió: *Era de color..., hacía mucho frío..., todos nos sentíamos...*
- Poner la entonación adecuada y añadir comentarios que resulten amenos: *De pronto oí ¡piiiiiii!, ¡plasss!*

1 Cuéntale a tu compañero o compañera algo curioso que te haya ocurrido. Después tu compañero te contará algo emocionante que le haya pasado a él. Debéis escucharos con atención para después relatárselo al resto de la clase.

en Resumen

Repasa la unidad y completa este resumen en tu cuaderno.

enlaces | contrarios | hie- | populares | hue- | sustantivos | comunes | propios

- Los ___ son las palabras que tienen **significados opuestos**.
- Se escriben con **h** todas las palabras que empiezan por ___ y ___
- Los ___ o **nombres** son las palabras que utilizamos para **nombrar** a las personas, los animales, las cosas y los lugares. Los sustantivos ___ nombran a cualquier persona, animal, cosa o lugar. Los sustantivos ___ nombran a una persona, animal, cosa o lugar concreto, diferenciándolos de los demás.
- Los ___ sirven para unir oraciones.
- Los cuentos de nunca acabar son cuentos ___ cortos que se repiten una y otra vez.

ACTIVIDADES PARA REVISAR TU ORTOGRAFÍA

1. *Lee el dictado y clasifica las palabras marcadas. Después, cópialo en tu cuaderno.*

Ninguno y sus amigos jugaban al escondite en el **huerto** de su abuelo. Ninguno se escondió detrás de una **hiedra** enorme. Pero daba igual: aunque hubiera dejado sus **huellas** en la **hierba**, nadie lo habría visto. "¿Dónde está Ninguno?", preguntaban sus amigos cuando pasaban delante de él. Ninguno dio un salto para que lo vieran y se cayó al tropezar con un **hierro**. ¡Creía que se había roto un **hueso**! Por fin, su abuelo lo vio y le puso **hielo** en el tobillo. ¡Todo se quedó en un susto!

Palabras con *hie-*	Palabras con *hue-*
___	___

2. Completa con palabras que empiezan por *hie-* o *hue-*.

- El agua  a 100 grados centígrados.
- Ana y Andrés encontraron unas 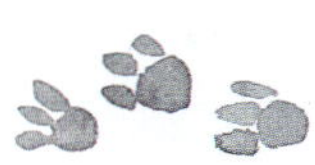 extrañas en el suelo.
- La  cubrió el muro de la casa.

RECUERDA LO ANTERIOR

1. *Escribe de nuevo estas oraciones cambiando las palabras marcadas por otras de significado contrario.*

- **Subimos** por un camino muy **estrecho**.
- Como hacía **frío**, **encendimos** la hoguera.
- **Olvidé** lo que me dijiste.
- Este jersey es muy **áspero**.

2. *Completa las oraciones con los sustantivos comunes del recuadro y escríbelas en tu cuaderno.*

carta	**tomate**
comida	**columpio**
vacaciones	**amiga**
camiseta	**tobogán**

- En la ______ me he manchado la ______ con ______
- Escribí una ______ a mi ______ María contándole mis ______
- Me encanta tirarme por el ______ y montarme en el ______

3. *Elige una de estas personas y descríbela. Recuerda que debes explicar cómo es físicamente e imaginar cómo es su carácter.*

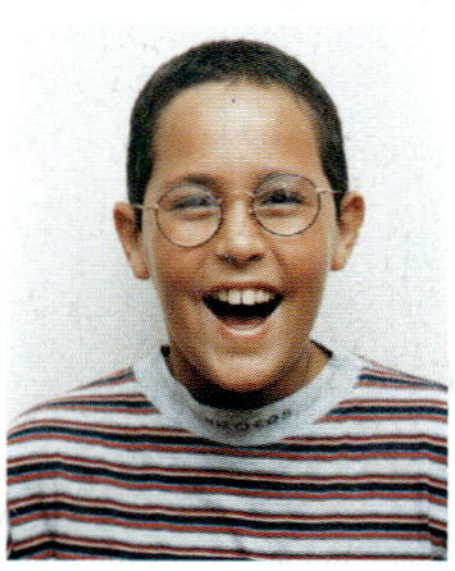
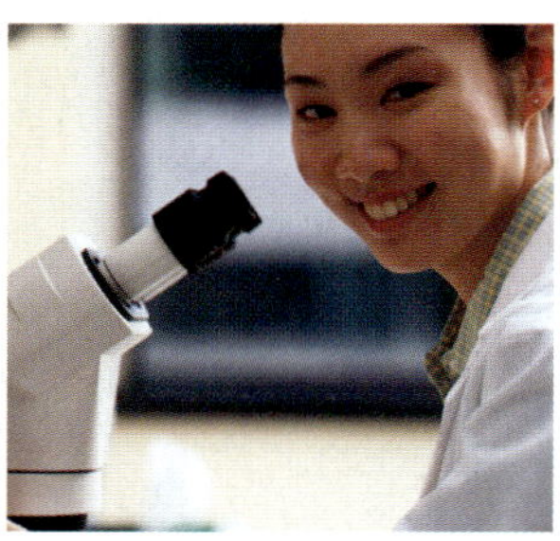

4. *Ordena estas palabras y escribe en tu cuaderno las oraciones.*

- un rojo Tengo abrigo
- Luis los cine al domingos y Ana van
- es El río del cristalina muy agua
- tenis Mi preferido es deporte el
- de Este vienen fin primos mis semana
- preferido fruta La mi es postre
- bolígrafo no El azul pinta

5. *Escribe en tu cuaderno el nombre de estos dibujos.*

1

2
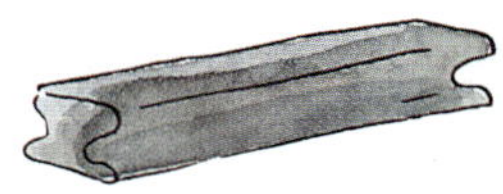
3
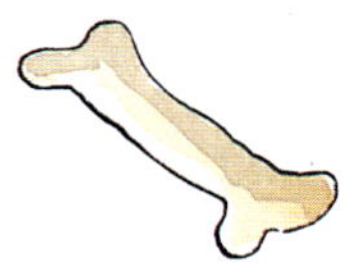
4

5

6
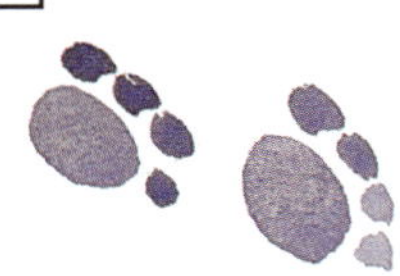

6. *Divide con un guión estas palabras de todas las formas posibles.*

trovador
interesante
vacaciones
plátano
lentejas

PON A PRUEBA TUS COMPETENCIAS

Los sentidos

Todos los animales tienen órganos de los sentidos. Pero no todos los utilizan igual.

En la siguiente tabla aparecen los sentidos que utilizan los perros, los gatos, las aves y los peces. En primer lugar aparece el sentido que más utilizan y, en último, el que menos.

perros	gatos	aves	peces
olfato	vista	vista	tacto-oído
oído-vista	oído-tacto	oído	vista
gusto	olfato-gusto	tacto	gusto
tacto		olfato-gusto	olfato

Imaginemos que asisten a un concierto, junto a miles de personas, un perro, un gato, una paloma y un pez.

Las personas disfrutan del espectáculo de luces, colores y sonidos.

El perro, sin embargo, está quieto y asustado, pues huele más de cincuenta colonias diferentes. El gato no huele tanto como el perro pero, por su capacidad de ver en la oscuridad, sabe el lugar donde ha caído el pendiente de una chica. La paloma lo ve todo, incluso las letras de la camiseta del cantante, pero no disfruta. El pez es el que peor lo pasa, pues es el que menos ve y el que menos huele, pero el movimiento del agua le hace cosquillas y el sonido le afecta mucho.

1. *¿Cuál es el tema principal del texto?*

a) La reacción de los animales ante un concierto.
b) El sentido de la vista.
c) La importancia de los distintos sentidos en los animales.

2. *Fíjate en la tabla y responde a las preguntas.*

- ¿Para qué animal el tacto es el sentido menos importante? ¿Para qué animal es el sentido más importante?
- ¿Qué animal utiliza más el olfato? ¿Qué animales utilizan menos este sentido?

3. *¿Por qué lo pasa mal el pez en el concierto? Escribe en tu cuaderno dos razones que aparezcan en el texto.*

4 A TODO CORRER

Hoy los **Trotamundos** han ido al campo con Menta, un cerdito muy curioso al que le encanta vivir aventuras y resolver misterios. Por ejemplo, ¿qué significará la palabra *cómodo*? ¿Cómo se llamarán esos animales con cuernos que viven en el campo?

¿Resolverá el cerdito Menta estos misterios? Lee sus aventuras para averiguarlo.

¿Quién escribe?

Tino

Tino vive en Alemania y tiene un oído especial. Es capaz de oír con su imaginación lo que dicen los animales. Luego escribe sus conversaciones y dibuja a los protagonistas. Por eso sus historias son tan divertidas.

Una excursión *cómoda*

Soy un cerdo.

Lo que más me gusta es quedarme en casa tumbado en el sofá y tomar manzanilla.

Eso es mentira, claro. Lo cierto es que me gusta tomar infusiones de menta. Con muchos azucarillos.

Los cerdos somos animales muy inteligentes. Por eso he escogido un hogar tan bonito.

Mi hogar lo forman Robin, Linda y Guillermo. Aunque ellos tres no son cerdos. Son personas. Pero a pesar de eso me resultan la mar de simpáticos. Cuando estamos juntos nos ocurren cosas increíbles. Aventuras. Un montón de aventuras. Y lo pasamos en grande.

El domingo es mi día preferido. Y es que los domingos siempre nos vamos al campo. La familia entera. Me dije que con un poco de suerte podría encontrar un **fangal** decente. Primero hubo que cargar el coche. Lo más fascinante de todo era la cesta de la comida. Los cerdos son unos verdaderos amantes de la buena comida. Eso lo sabe todo el mundo.

Si por mí fuera, tendría que ser domingo todos los días. Así podría estar siempre vagando por ahí. Y atravesar a toda pastilla bosques misteriosos o zambullirme en riachuelos de montaña. Eso es exactamente lo que necesita un **lechón** como yo.

Por fin llegamos a nuestro punto de destino. Guillermo dijo que era un rincón **paradisíaco**. Estaba realmente emocionado.

fangal: lugar lleno de barro.

lechón: cría del cerdo.

paradisíaco: lugar maravilloso.

Linda se sentó bajo la sombrilla. En la tumbona.

–Muy bien. Ahora nos vamos a poner cómodos –dijo.

¿Cómodos? ¿Qué palabra era esa? Parecía de lo más sospechosa. Yo aún no la conocía. Quería averiguar qué significaba "cómodo". Así que crucé el prado en dirección a la colina. Tal vez encontraría algo cómodo. La verdad es que estaba intrigadísimo.

Por cierto, Robin también echó a correr. ¡Qué bien! Con Robin es muy fácil divertirse. Pero lo que yo quería era saber de una vez por todas qué significaba "cómodo". Seguro que Robin también querría ponerse cómodo. Así que decidí no quitarle el ojo de encima. Tarde o temprano, acabaría descubriendo el significado de tan misteriosa palabra.

–¡Venga, vamos a correr hasta la cima de la colina! –gritó Robin.

Y eso es lo que hice de inmediato. Con la lengua fuera. Aunque me llevé un susto de muerte al llegar arriba. ¡Del otro lado de la colina había una enorme manada de perros! Eran el triple de grandes que yo. Y tenían una pinta realmente curiosa. Tenían cuernos. Y manchas negras y blancas en el lomo. Por suerte, estaban detrás de un vallado de madera.

Pero Robin me explicó que esos perros eran vacas. Lo cierto es que yo no había visto una vaca en mi vida. Así que me acerqué a una de ellas para ofrecerle mi amistad.

Vi una vaca de piel muy oscura sentada bajo un manzano. Parecía la mar de simpática. Me acerqué de puntillas. ¡A una vaca de verdad! Con cuernos y todo. Lo único extraño era que no tenía ubre. Ya sabéis, esa cosa por donde sale la leche.

Y entonces Robin gritó:

–¡Cuidado, que es un toro!

Eso no me lo había explicado Robin. No me había dicho que algunas vacas podían ser toros. Pero así al menos tuve ocasión de descubrir que Robin es un excelente corredor. Y es que cuando me acerqué a la vaca de mentira, esta se puso bastante nerviosa y empezó a perseguirnos a los dos. Robin gritaba como loco y no paraba de agitar los brazos.

En cuanto nos vio, Linda se levantó de la tumbona como una flecha. Luego ella y Guillermo nos siguieron corriendo en dirección al coche.

Guillermo ya no parecía tan **fascinado** por el paisaje. Cuando el toro nos hizo dar la tercera vuelta alrededor del coche, decidimos que lo mejor era marcharnos en seguida.

fascinado: entusiasmado.

Volvimos a casa por el camino más corto. "¡Esta sí que ha sido una excursión cómoda!", pensé al llegar a casa.

Estaba contento: por fin había descubierto lo que significaba "cómodo". "Cómodo" es una palabra aún más bonita que "menta". Decidí que en adelante me pondría cómodo más a menudo.

TINO
El cerdito Menta. Ediciones SM

COMPRENSIÓN LECTORA

1 Piensa y contesta.

- ¿Quién cuenta la historia?
- ¿Con quién vive el protagonista?
- ¿Por qué le gusta vivir con esta familia?

2 *El cerdito Menta no sabía el significado de la palabra "cómodo". ¿Qué hizo para averiguarlo?*

3 *Al llegar a la colina, el cerdito Menta cree ver una enorme manada de perros. ¿Qué palabras usa para decir cómo eran? ¿De qué animales se trataba en realidad?*

4 Ordena las viñetas en tu cuaderno según el orden en que ocurrió la historia.

(A)

(B)

(C)

5 *¿Qué crees que pensó el toro al ver que el cerdito Menta se acercaba a él? Escríbelo en tu cuaderno.*

6 Relaciona en tu cuaderno cada expresión con su significado.

a toda pastilla 1 •	• 4 estar muy pendiente
ponerse cómodos 2 •	• 2 estar a gusto y relajados
con la lengua fuera 3 •	• 3 muy cansado
no quitar el ojo de encima 4 •	• 1 muy rápido

7 *El cerdito Menta cree que ha descubierto el significado de la palabra "cómodo". ¿Está en lo cierto? Explica por qué.*

8 *El cerdito Menta quiere hacer amigos. Explica por qué crees que es importante tener amigos. ¿Qué es lo que más te gusta de tus amigos y amigas?*

9 *¿Qué harías tú si te encontraras un toro en medio del campo?*

VOCABULARIO

Las palabras comodín

Observa la viñeta y fíjate en la palabra que utiliza el cerdito Menta para referirse a las vacas.

La palabra *bichos* es una **palabra comodín**.

> Las **palabras comodín** son palabras de significado poco exacto. Si utilizamos palabras con significado más preciso, los demás nos entenderán mejor.

1 *Observa la viñeta y nombra cuatro objetos que podrían ser "un chisme alargado".*

2 *Sustituye las palabras marcadas por otras de significado más exacto.*

- Se estropeó **el cacharro** y no pudimos lavar la ropa.
- **El trasto** donde llevo los libros está en casa.
- He visto a **ese tipo** en la televisión.
- Tráete **la cosa** de jugar al tenis.

Palabras con *mb* y *mp*

Observa cómo se escriben estas palabras.

bombones

membrillo

bombero

trompeta

campeona

chimpancé

Se escribe **m** delante de **b**.
Se escribe **m** delante de **p**.

1 *Clasifica en tu cuaderno estas palabras, según si se escriben con mb o con mp.*

ciempiés	biombo	bambú	gambas
sombra	emperador	campo	champú

Palabras con mb **Palabras con mp**

2 *Sustituye los dibujos por palabras con mb o mp y completa estas oraciones en tu cuaderno.*

La  sonaba en lo alto del .

Aquel  tocaba muy bien el .

La  de la  se ha fundido.

3 *Completa con m o n.*

e__vío a__bulancia cha__piñón i__vento

El género y el número del sustantivo

Observa la ilustración.

El sustantivo *vaca* es **femenino**. En cambio, el sustantivo *toro* es **masculino**.

Los sustantivos tienen **género**. Pueden ser masculinos o femeninos.

Los sustantivos **masculinos** suelen acabar en **-o** y pueden llevar delante **el**.

Los sustantivos **femeninos** suelen acabar en **-a** y pueden llevar delante **la**.

1 Escribe en tu cuaderno el sustantivo femenino que corresponde a cada sustantivo masculino.

abuelo	pato	pastelero	perro
oso	amigo	Julio	vecino

2 Escribe el o la delante de cada sustantivo y di si son masculinos o femeninos.

sombrilla	coche	prado	cesta	bosque
riachuelo	montaña	tumbona	manzano	comida

3 Escribe el sustantivo que corresponde a cada dibujo y cámbialo de género.

Recuerda

A veces utilizamos **palabras diferentes** para el masculino y para el femenino.

Observa estas fotografías y lee los sustantivos.

vaca

vacas

El sustantivo vaca es **singular**. En cambio, el sustantivo vacas es **plural**.

Los sustantivos tienen número singular o plural.

Los sustantivos tienen **número singular** cuando se refieren a un solo ser u objeto.

Los sustantivos tienen **número plural** cuando nombran a varios seres u objetos. El plural se forma añadiendo **-s** cuando el sustantivo singular acaba en **vocal** y **-es** cuando acaba en **consonante**.

4 *Cambia el número de estos sustantivos.*

cartas	tumbonas	pelota	bosque
árbol	montaña	cestas	señores

5 *Escribe el, la, los o las delante de cada sustantivo y clasifica los siguientes sustantivos.*

balones	clavel	libretas	dedos
armario	ventanas	cabeza	pierna

SUSTANTIVOS FEMENINOS		SUSTANTIVOS MASCULINOS	
singular	plural	singular	plural

6 *Escribe dos oraciones que expliquen la escena. Tienes que utilizar al menos dos sustantivos en cada oración.*

EXPRESIÓN ESCRITA

La descripción de un lugar

Lee este texto.

¡Qué bien me lo pasé en la excursión! Cuando bajamos del coche, vi ante mí una extensa pradera verde. Al fondo, había una granja. ¡Un lugar ideal para un cerdito como yo! Estaba al pie de unas montañas altísimas. Allí podría respirar aire puro y conocer nuevos amigos.

La granja no era muy grande, pero parecía preciosa. Era toda de madera, y tenía las puertas y las ventanas de color rojo. El tejado estaba cubierto por tejas de colores, como un alegre arco iris. ¡Era estupenda! Tenía una cuadra con caballos y un corral para las gallinas. Cerca de la granja había unos animales muy interesantes. Unos perros muy simpáticos. Aunque, en realidad, Robin me explicó que se llaman ovejas. ¡Fue un día genial!

Describir un lugar es explicar de forma ordenada **cómo es** y **qué hay** en él.

1 Completa una ficha como esta con los datos de la granja que ve el cerdito Menta.

¿DÓNDE SE ENCUENTRA?	
¿CÓMO ES?	
¿QUÉ HAY EN LA GRANJA?	

2 Para describir la granja, se utiliza una comparación. Complétala en tu cuaderno.

El tejado estaba cubierto por tejas de colores, como ____

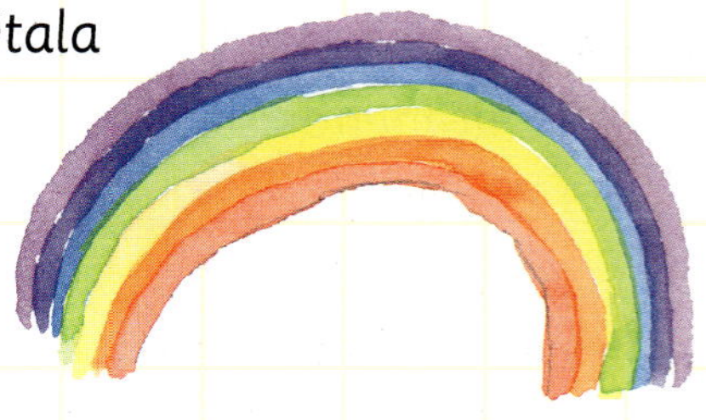

3 Piensa en un lugar en el que te gusta estar y descríbelo en tu cuaderno. Recuerda que tienes que hacerlo de forma ordenada diciendo cómo es y qué hay en él.

La fábula

Recitad esta fábula entre tres compañeros.

Por entre unas matas
seguido de perros
(no diré corría)
volaba un conejo.

De su madriguera
salió un compañero,
y le dijo: «Tente,
amigo, ¿qué es esto?»

«¿Qué ha de ser? –responde.
Sin aliento llego...
Dos pícaros galgos
me vienen siguiendo.»

«Sí, replica el otro,
por allí los veo...
Pero no son galgos.»
«Pues ¿qué son?» –«¡Podencos!»

«¡Qué! ¿Podencos dices?»
«Sí, como mi abuelo.»
«Galgos y muy galgos:
bien vistos los tengo.»

«Son podencos: vaya,
que no entiendes de eso.»
«Son galgos, te digo.»
«Digo que podencos.»

En esta disputa
llegando los perros,
pillan descuidados
a mis dos conejos.

Los que por cuestiones
de poco momento
dejan lo que importa,
llévense este ejemplo.

TOMÁS DE IRIARTE

La **fábula** es un cuento que tiene una enseñanza o **moraleja**.
Las fábulas suelen estar protagonizadas por animales que piensan, actúan y hablan como las personas.

1 *¿Quiénes son los protagonistas de la historia? ¿Por qué discuten? ¿Qué les sucede al final?*

2 *¿Qué crees que significa "de poco momento"?*

- instantáneo
- de poca importancia
- fundamental

3 *Explica la moraleja de esta fábula.*

4 *Lee esta fábula y explica con un ejemplo su moraleja.*

Un ratón despertó a un león. Enfadado, el león quiso devorarlo. Pero el ratón le pidió perdón y le dijo que si le dejaba marchar, le recompensaría. El león se echó a reír, pero lo soltó. Días después el león cayó en una trampa y quedó preso en una red. El ratón royó la cuerda y lo dejó libre.

ESOPO

Expresar opiniones

¿Tú, qué opinas?

Nuestra opinión puede ser importante para los demás. Por eso merece la pena compartirla con las personas que están cerca de nosotros. Pero tenemos que tener siempre cuidado de no molestar a quienes opinan de manera diferente. Si nos esforzamos, encontraremos las palabras adecuadas para decir lo que pensamos sin dejar de ser amables. Hablar con un tono de voz agradable hace que todo el mundo se sienta aceptado y respete nuestras ideas.

Observa estas viñetas.

Cuando expresamos nuestra opinión, es importante:

- Tener en cuenta la opinión de los demás: *Puede ser, aunque... Quizá tienes razón, pero... Tu opinión es interesante, sin embargo...*
- Hablar en un tono de voz agradable.
- Explicar por qué tenemos esa opinión.

1 *Reflexiona sobre estos temas y expresa tu opinión sobre cada uno de ellos.*

- Jugar al fútbol.
- Tener una mascota.
- Ver la televisión.

2 *Elige con tu compañero uno de los temas anteriores y prepara un debate.*

en Resumen

Repasa la unidad y completa este resumen en tu cuaderno.

cómo es | -o | plural | p | m | -a

comodín | -s | singular | -es | moraleja | género

- Las palabras ______ son palabras de significado poco exacto.
- Se escribe ______ antes de **b**.
- Se escribe **m** antes de ______
- Los sustantivos tienen ______ masculino o femenino.
- Los sustantivos **masculinos** suelen acabar en ______ y pueden llevar delante **el**. Los sustantivos **femeninos** suelen acabar en ______ y pueden llevar delante **la**.
- Los sustantivos tienen **número** ______ cuando se refieren a un solo ser u objeto. Tienen **número** ______ cuando nombran a varios seres u objetos. El **plural** se forma añadiendo ______ cuando el sustantivo singular acaba en vocal y ______ cuando acaba en consonante.
- **Describir un lugar** es decir ______ y qué hay en él.
- La **fábula** es un cuento que tiene una enseñanza o ______

ACTIVIDADES PARA REVISAR TU ORTOGRAFÍA

1. *Lee el dictado y clasifica las palabras destacadas. Después, cópialo.*

Menta tenía muchas ganas de ir de **acampada**. "¿Por qué no habrá **campamentos** para cerdos?", se preguntaba. Se imaginaba **tumbado** a la **sombra** de un árbol, al lado de su tienda de **campaña**. "**También** podría llevar un **sombrero**. O mejor una **sombrilla**", pensaba. De pronto, se acordó de que Linda **siempre** dice que el **campo** abre el apetito. Así que se fue directo a la cocina, ¡seguro que encontraba una **hamburguesa**! ¡Qué **hambre** le estaba entrando!

Palabras con *mb* | Palabras con *mp*

2. *Copia las oraciones sustituyendo los dibujos por palabras.*

- El  está dentro del estuche.
- La  que hay en el salón es muy colorida.
- Necesitamos un  para llenar la botella.
- La nadadora se tiró desde el .

RECUERDA LO ANTERIOR

1. *Coloca cada palabra en el lugar adecuado.*

pan	bolígrafo
cuchara	ratón
papel	muñeca
mil	teléfono

Monosílabas	**Bisílabas**
Trisílabas	**Polisílabas**

2. *Reproduce este diálogo en tu cuaderno con los signos de puntuación que faltan.*

¿ **.** **¡** **!** **?**

3. *Relaciona cada sustantivo común con un sustantivo propio y clasifícalos.*

Tajo	continente	río
Raquel	Roco	país
prima	Asia	perro
Marruecos	hermano	Juan

Común	**Propio**

4. *Encuentra en cada grupo dos palabras sinónimas y una contraria.*

disgustado **rubio** **triste** **alegre**	**grueso** **delgado** **fino** **acabado**
cabeza **pobreza** **abundancia** **riqueza**	**rizado** **liso** **caliente** **ondulado**

5. *Sustituye los dibujos por sustantivos y escribe las oraciones en tu cuaderno.*

- Los  se comieron las 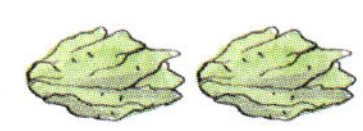 de la huerta.
- La  tiene dos 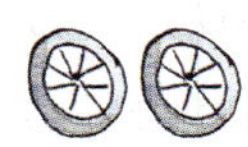.
- Se han gastado las  de la .

6. *Escribe en tu cuaderno dos oraciones que expliquen lo que sucede en este dibujo.*

PON A PRUEBA TUS COMPETENCIAS

China

Nombre oficial
República Popular China. El nombre China significa "país del centro", pues antiguamente los sabios creían que estaba situado exactamente en el ombligo del mundo.

Capital
Beijing (Pekín).

Situación geográfica
China forma parte del continente asiático. Es un Estado situado en Extremo Oriente.

Superficie total
China es el tercer país del mundo en tamaño. Tiene una extensión de 9.596.960 km^2; para hacerse una idea de su tamaño, basta pensar que multiplica por dieciséis el de la Península Ibérica.

La bandera
Es de color rojo; en la parte superior izquierda tiene una estrella rodeada por otras cuatro de menor tamaño.

Idioma
El idioma oficial es el chino mandarín, uno de los múltiples dialectos del chino, como el cantonés, el min, el xiang y muchos otros.

Algunas palabras y expresiones
Ni hao = Hola
Zai jian = Adiós
Ni jiao shen ming zi? = ¿Cómo te llamas?

MIQUEL M. GIBERT
Llegué de... China. La Galera

1. *La información que acabas de leer se divide en diferentes apartados. ¿Cuántos?*

2. *¿En qué apartado encuentras los siguientes datos?*
   - ¿Dónde está China?
   - ¿Cómo se dice *adiós* en chino mandarín?
   - ¿En qué continente está China?
   - ¿Qué significa *China*?
   - ¿Cuál es la extensión de China?

3. *¿Dirías que China es un país grande o pequeño? Explica por qué con dos datos que aparecen en el texto.*

4. *¿Cuál es el idioma oficial de China? Escribe otros tres dialectos del chino.*

Autoevaluación de la unidad 4

5 SANOS Y SALVOS

Los **Trotamundos** han conocido a unos ratones muy golosos, encantados con los pasteles que prepara Julieta. Pero un día algo ocurre y los pobres ratones empiezan a pasar hambre.

¿Qué habrá pasado para que Julieta ya no cocine sus deliciosos dulces? ¿A qué se dedicarán ahora los ratones?

¿Quién escribe?

Mariasun Landa

A Mariasun le encantan los cuentos. Cuando era profesora, inventaba historias para contar en clase. Ahora las escribe, primero en euskera y luego las traduce al castellano, para que las puedan leer más niños.

Mucho pensar y poco comer

Los primeros ratones que fueron a casa de Julieta llegaron atraídos por el dulce y **tibio** olor a tarta que salía de aquella **señorial** mansión.

En seguida se dieron cuenta de que su decisión había sido muy acertada. Julieta era tremendamente golosa. Pastas, galletas y bizcochos todos los días. Los ratones estaban encantadísimos con aquella dieta.

Todas las noches, después de cenar, Julieta empezaba a bailar con su vieja escoba. Mientras duraba la sesión de baile, ellos se dispersaban por la cocina y limpiaban todos los sabrosos restos que dejaba Julieta.

Un día, los ratones se quedaron muy extrañados al echar en falta la acostumbrada tarta de chocolate.

El ratón más **veterano** quedó en pedir información a la escoba y volvió espantado a su agujero:

–¡Amigos, la situación es mucho más grave de lo que pensaba! ¡Julieta se ha enamorado! Mi experiencia me dice que nos encontramos en una situación peligrosa.

tibio: templado.

señorial: que tiene un aspecto impresionante.

veterano: que tiene mucha experiencia.

Todo cambió en casa de Julieta. En vez de los platos cocinados con mimo, verduras, fruta y huevos duros; en vez de las tartas, los bollos y las ricas galletas, yogures descremados. Nada de bailes, pero sí gimnasia todos los días. Y en todas partes y a todas horas, libros y libros que Julieta engullía sin parar. Julieta leía todos aquellos libracos con la **voracidad** con que antes tragaba las palomitas y los bombones.

Y los ratones, tristes y **mustios**.

Y los ratones adelgazando sin querer. Y los ratones, a punto de desfallecer de hambre. Malhumorados.

Sin embargo, aquel **ayuno** involuntario tuvo algunas consecuencias muy buenas, aunque los ratones no fueran conscientes de ello. Empujados por aquella situación crítica o porque se acordaron del dicho que afirma que con la tripa vacía se piensa mejor, los ratones se dedicaron seria y profundamente a reflexionar. Empezaron a practicar un deporte que hasta entonces habían ignorado.

A medida que fueron adelgazando, aligerándose y **estilizándose**, fueron convirtiéndose en filósofos. Es decir, aprendieron a hacer preguntas. Preguntas fáciles de formular, pero difíciles de contestar.

voracidad: consumo de comida en gran cantidad.

mustios: sin fuerza, melancólicos.

ayuno: período de tiempo sin comer ni beber.

estilizándose: adelgazando.

–¿De quién se ha enamorado Julieta?

–¿Por qué?

–¿Qué es el amor?

–¿Cuánto dura?

Y aunque no lograban ninguna respuesta, el hecho de **reflexionar** sobre ello les hacía creer que estaban profundizando mucho en la filosofía de la vida. Algunos le cogieron afición, sobre todo el ratón veterano:

–¡Filosofemos, amigos! –decía a menudo–. ¿Cuál es la lección que podemos sacar de este desastre? ¿Qué podemos aprender de esta triste situación en la que nos encontramos?...

Pero los pobres ratoncillos no tenían respuestas a cuestiones tan profundas, y el ratón veterano, tan filósofo él, tampoco.

Y agotadísimos por el esfuerzo filosófico, se adormilaban los unos junto a los otros, a la espera de tiempos mejores.

El viejo ratón veterano, en cambio, se convirtió en un apasionado de la filosofía:

–Os diré, amigos míos, después de haber meditado sobre ello largo y tendido, el resultado de mis reflexiones: para los humanos, el amor es tan importante como la comida, o aún más importante... Casi puede decirse que para ellos la vida no tiene sentido sin amor...

reflexionar: pensar despacio y con detenimiento.

Pero, ¡uffff!, la mayoría de los ratones lo que quería era comer, ñam–ñam–ñam–cras–cras–cras, como antes. Solo soñaban con queso, con pan, con bizcochos... Aquella era la única filosofía que ellos entendían: ¡la filosofía de la panza!

Mariasun Landa
Julieta, Romeo y los ratones. Ediciones SM

COMPRENSIÓN LECTORA

1 Piensa y contesta.

- ¿Por qué estaban contentos los ratones al principio en casa de Julieta?
- ¿Qué echaron de menos un día?
- ¿Por qué se produjo un cambio en la vida de Julieta?

2 *Clasifica estos alimentos según cuándo los comía Julieta, antes o después de enamorarse.*

huevos duros · bizcochos · fruta · yogures · bollos · verdura · galletas · bombones

Antes	Después

3 *¿Cuál de estas viñetas sucede cuando Julieta está enamorada? Explícalo en tu cuaderno.*

A

B

4 *Elige el significado correcto de la expresión "Julieta engullía libros sin parar".*

- Leía libros y comía a la vez.
- Leía muchos libros.
- Leía libros de cocina.

5 *Al ratón más veterano le gustaba reflexionar. ¿A qué conclusión llegó sobre el amor? ¿Estás de acuerdo con él?*

6 *En el cuento, los ratones han dejado de encontrar comida fácilmente. Ante una dificultad tienen que pensar en encontrar una solución. ¿Os ha pasado alguna vez algo parecido? ¿Qué solución encontrasteis?*

Las onomatopeyas

Observa el dibujo y lee lo que dicen los ratones

Ñam y *cras* son **onomatopeyas**.

> Las **onomatopeyas** son las palabras que imitan los sonidos que hacen las personas, los animales o las cosas.

1 Completa en tu cuaderno estas oraciones con las siguientes palabras.

- Cuando freno, la bicicleta ______
- En aquella charca, las ranas no paraban de ______
- Los corderos ______ cuando tienen hambre.
- A lo lejos se escuchaba el ______ del tren.
- Las gallinas ______ cuando ven llegar al granjero.

traqueteo
croar
cacarean
chirría
balan

2 Relaciona cada palabra con su sonido correspondiente y escribe una oración con cada una de ellas.

rugido **chasquido** **zumbido** **chapoteo** **tintineo**

Ⓐ

Ⓑ

Ⓒ

Ⓓ

Ⓔ

La coma

Lee lo que dicen los ratones.

La **coma** (,) indica una pausa en la lectura.

Se escribe **coma** para separar los elementos de una **enumeración**.

Delante de la última palabra se escribe una **y**.

1 *Copia estas oraciones en tu cuaderno y escribe coma o y donde sea necesario.*

- Mis mejores amigos son Mada Valentín Noemí Alberto.
- En el jardín hay rosas claveles margaritas gladiolos tulipanes.
- Coloca en el frutero las peras los melocotones los plátanos el melón.

2 *Completa estas series en tu cuaderno.*

- Los sentidos son cinco:
- El arco iris está formado por siete colores:
- Los días de la semana son siete:

3 *Escribe dos listas en tu cuaderno con los nombres de los siguientes dibujos.*

Instrumentos musicales	Animales

El artículo

Lee este diálogo y fíjate en las palabras destacadas.

Las palabras las, el, los y la son artículos determinados.
Las palabras una, unos, unas y un son artículos indeterminados.

Los **artículos** van delante del sustantivo y tienen el mismo **género** y **número** que él.
Los **artículos determinados** acompañan a los sustantivos que se refieren a personas, animales o cosas conocidas. Son ***el***, ***la***, ***los***, ***las***.
Los **artículos indeterminados** acompañan a los sustantivos que se refieren a personas, animales o cosas no conocidos. Son ***un***, ***una***, ***unos***, ***unas***.

1 Copia en tu cuaderno estos grupos de palabras y rodea los artículos.

la mansión	los deportes	una llave	unos guantes
un jardín	unas flores	el garaje	las niñas

2 Escribe dos sustantivos detrás de cada artículo.

el	los	un	unos
la	las	una	unas

Recuerda

Los **sustantivos** son las palabras que utilizamos para nombrar a las personas, los animales, las cosas y los lugares.

3 *Copia estas oraciones y rodea los artículos. Después, subraya los sustantivos a los que acompañan.*

- El deportista australiano ganó la carrera.
- El gato duerme junto a la chimenea.
- Ha llegado una carta para el abuelo.
- Pintaré la valla con unos guantes.

4 *Explica qué diferencia hay entre estos pares de oraciones.*

- Ha venido **una vecina**.
- Ha venido **la vecina**.

- Encontré **un anillo**.
- Encontré **el anillo**.

- Dame **un cuaderno**.
- Dame **el cuaderno**.

- He guardado **un disfraz** en el baúl.
- He guardado **el disfraz** en el baúl.

- Compré **un cuadro**.
- Compré **el cuadro**.

5 *Copia el texto y escribe los artículos que faltan en este texto.*

Ayer a Clara le dolía ___ muela y fue con sus padres a ___ dentista muy simpático. ___ dentista le dijo a Clara que ___ caramelos y ___ chocolate son muy malos, y que debía comer menos golosinas. También le explicó que hay que lavarse ___ dientes después de cada comida con ___ cepillo suave y ___ pasta con flúor.

6 *Sustituye los dibujos por un artículo y el sustantivo correspondiente y completa las oraciones.*

- Juan tiene  azules muy bonitas.
- Mi abuela tiene 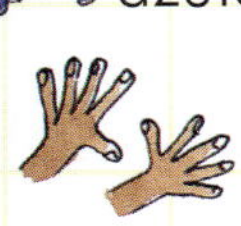 pequeñas y suaves.
- Mi fruta favorita es  .
- Luis se ha comprado  para jugar al tenis.

EXPRESIÓN ESCRITA

Escribir un diálogo

Observa la viñeta y lee el texto.

El ratón Cras dijo:

–¡Para los humanos el amor es más importante que las tartas y los pasteles!

Cros le contestó:

–¡Yo no estoy de acuerdo!

Cris pensó:

–No hay nada mejor que un buen bizcocho...

Escribir un diálogo es reproducir por escrito lo que dicen los personajes cuando hablan.

Delante de las palabras que dice cada personaje se escribe una **raya** (–).

1 Observa las viñetas y completa el diálogo en tu cuaderno. No olvides escribir una raya cuando sea necesario.

Aurora le preguntó a su hermano Raúl:

Aurora pensó:

2 Convierte este diálogo en un cómic.

El día de su cumpleaños, mi vecina Jalima nos dijo:
–Os invito a *bastila*, un pastel típico de Marruecos.
Mis hermanos y yo le contestamos:
–¡Qué bien! Muchas gracias.
Yo pensé:
–¡Qué suerte! Me encanta probar comidas nuevas.

Los villancicos

Lee el villancico *Una pandereta suena.*

Una pandereta suena,
una pandereta suena,
yo no sé por dónde irá.

Sal mirandillo, arandandillo
sal mirandillo, arandandán.
Cabo de guardia, alerta está.

No le despiertes al Niño,
no le despiertes al Niño,
que ahora mismo se durmió.

Sal mirandillo, arandandillo
sal mirandillo, arandandán.
Cabo de guardia, alerta está.

POPULAR

Los **villancicos** son canciones populares que se cantan durante las fiestas de **Navidad**. Muchos villancicos tienen una parte que se repite varias veces, es el **estribillo**.

1 Nombra un instrumento navideño que aparece en el villancico. ¿Conoces algún otro?

2 Busca en el diccionario el significado de las palabras "cabo" y "guardia" y cópialo en tu cuaderno.

3 ¿Cuál es el estribillo del villancico?

4 Recitad entre tres compañeros (narrador, rey y pastor) este fragmento de un villancico.

–Dígame, Rey Mago,
¿quién lo trajo aquí?
–De mi torre pina,
estrella que vi.
–Y a ti, pastorcillo,
¿quién te lo anunciaba?
–Por mis soledades
un ángel pasaba.

EUGENIO D'ORS

Expresar sentimientos

¡Bien!

Cuando algo nos produce alegría o tristeza, necesitamos comunicárselo a las personas que nos rodean. Si se trata de sentimientos de enfado, preocupación o tristeza, al compartirlos con los demás nos sentimos mejor. Pero también es importante comunicar los sentimientos de alegría porque se contagian fácilmente. Cuando expresamos un sentimiento positivo, la gente que nos acompaña se ilusiona y se alegra con nosotros.

Observa estas viñetas y contesta.

- ¿Por qué está preocupada la niña?
- ¿Cómo le ayudan sus amigos?

Cuando expresamos nuestros sentimientos, es importante:

- **Expresar qué sentimos y cuál es la causa:** ***Estoy triste desde que..., Me puse contenta porque..., Me pongo nerviosa cuando...***
- **Describir en qué consiste lo que nos pasa:** ***No puedo parar de moverme..., Me apetece mucho...***

1 *¿Qué dirías para expresar lo que sientes en estas situaciones?*

- Tu mejor amiga se marcha a otro colegio.
- Han ingresado en el hospital a tu abuelo.
- Ves a tus padres muy preocupados por algo y no sabes por qué.
- Has ganado en un concurso y tu mejor amigo ha perdido.

en Resumen

Repasa la unidad y completa este resumen en tu cuaderno.

género | onomatopeyas | determinados | villancicos | un, una, unos, unas | artículos | diálogo | el, la, los, las | indeterminados | número | coma

- Las ______ son las palabras que imitan los sonidos que hacen las personas, los animales o las cosas.
- Se escribe ______ para separar los elementos en una enumeración.
- Los ______ van delante del sustantivo y tienen el mismo ______ y ______ que él. Los **artículos** ______ acompañan a los sustantivos que se refieren a personas, animales o cosas conocidos. Son ______. Los **artículos** ______ acompañan a los sustantivos que se refieren a personas, animales o cosas no conocidos. Son ______.
- Escribir un ______ es reproducir por escrito lo que dicen los personajes cuando hablan.
- Los ______ son canciones populares que se cantan durante las fiestas de Navidad.

ACTIVIDADES PARA REVISAR TU ORTOGRAFÍA

1. *Lee el dictado haciendo una pausa después de cada coma. Después, cópialo en tu cuaderno.*

La vida había cambiado mucho para los ratones. Los más filósofos, Antantón, Ratontón y Ratontín no paraban de darle vueltas y más vueltas. Recordaban su vida de antes. Los desayunos eran deliciosos: bollos, pasteles, tartas y helados. Y las comidas eran exquisitas: pan, carne y postres buenísimos. Pero desde que Julieta descubrió eso que los humanos llaman amor… ¡Qué desayunos tan tristes! Todo el día estaban comiendo fruta: piña, cerezas, fresas y ciruelas. ¡Y verdura: zanahorias, lechuga y tomates!

2. *Escribe las siguientes listas. No olvides poner coma cuando sea necesario.*

- Los meses del año.
- Seis animales salvajes.
- El nombre de los números del 1 al 10.
- Cinco alimentos dulces.

RECUERDA LO ANTERIOR

1. *Sustituye las onomatopeyas por la palabra correspondiente y copia las oraciones en tu cuaderno.*

timbre	golpe
maullido	claxon

- El **ring, ring** del teléfono sonó tres veces.
- La carretera estaba atascada y se oía el **mec, mec** de los coches.
- Se oyó un enorme **catapún** cuando se cayó la estantería.
- Esta noche el **miau** de los gatos no nos ha dejado dormir.

2. *Escribe en tu cuaderno el nombre de estos dibujos.*

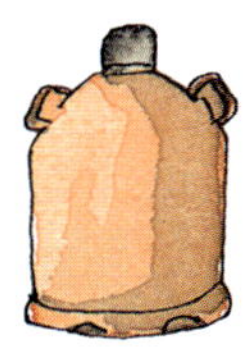

3. *Copia estos grupos de palabras en tu cuaderno y rodea de rojo el sinónimo de la palabra destacada y de azul el contrario.*

caro **costoso** barato bonito	**dar** comprar recibir entregar
estruendo trueno silencio **ruido**	precioso fácil **bonito** horrible

4. *Localiza los sustantivos que hay en este texto y clasifícalos, según si son comunes o propios.*

¡Hola! Me llamo Rocío. Vivo en Almería y me encanta ir todas las tardes a ver el mar Mediterráneo con mis mejores amigos, Corine y Esteban. Allí vemos a Emilio, un marinero que nos cuenta historias de su ciudad natal, Santander.

Sustantivos comunes

Sustantivos propios

5. *Relaciona cada artículo con el sustantivo con el que puede aparecer.*

el las los la	tirantes mantas piel botón	unas un una unos	cristal peines horquillas tuerca

6. *Convierte este cómic en un diálogo.*

PON A PRUEBA TUS COMPETENCIAS

La Navidad en Finlandia

En Finlandia, los niños hacemos una lista de regalos para Papá Noel. El día antes de Navidad, colocamos el árbol de Navidad. Después, adornamos el árbol y toda la casa. El día de Nochebuena, después de comer, vamos a ver a nuestros familiares. Papá Noel viene a las seis de la tarde, más o menos. No me pongo nerviosa hasta que oigo el timbre. Cuando Papá Noel se sienta, nos da los regalos. Después, cuando Papá Noel se ha ido, abrimos los regalos. Lo mejor de la Navidad es decorar el árbol.

Henna Korpimäki (9 años)

La Navidad en Suecia

En Suecia, unos días antes de Navidad, vamos con muchos familiares y amigos a coger nuestro árbol de Navidad. Es muy divertido estar todos juntos. El día de Nochebuena por la mañana, a mi hermana y a mí nos dan el final de un hilo, y cuando terminamos de enrollarlo todo en una madeja, encontramos al final el primer regalo de Navidad. Lo más divertido de la Navidad son los regalos que nos trae Santa Claus.

Camilla Tell (7 años)

Estampas de Navidad en la Europa Común. Fundación BBV

1. Explica cómo dan los regalos en casa de Camilla.

2. Compara los dos textos y responde a las preguntas:
   - ¿Quién es mayor, Henna o Camilla?
   - ¿Dónde se reciben antes los regalos de Navidad: en casa de Henna o en casa de Camilla?
   - ¿Quién da los regalos de Navidad en Finlandia? ¿Y en Suecia?
   - ¿Qué es lo que más le gusta a Henna de la Navidad? ¿Y a Camilla?
   - Escribe dos aspectos de la Navidad que coincidan en el caso de Henna y en el de Camilla.

3. ¿En qué coincides con Henna y Camilla en la celebración de la Navidad? ¿Hay algo de lo que hacen ellas que te gustaría hacer? Explica por qué.

4. Escribe un texto de extensión parecida al de Henna contando cómo celebras tú la Navidad.

Autoevaluación de la unidad 5

JUEGOS DE LENGUAJE

1 ¿En qué letras no debe saltar el sapo para no pisar a los hipopótamos? Para averiguarlo, sigue las flechas y completa las letras que faltan siguiendo el orden alfabético.

2 Copia en tu cuaderno las escaleras de sílabas y complétalas con estas palabras.

florero flor floristera flores

sala salero saleroso sal

3 A cada molino se le ha caído una letra diferente. ¿Cuál, la *m* o la *n*?

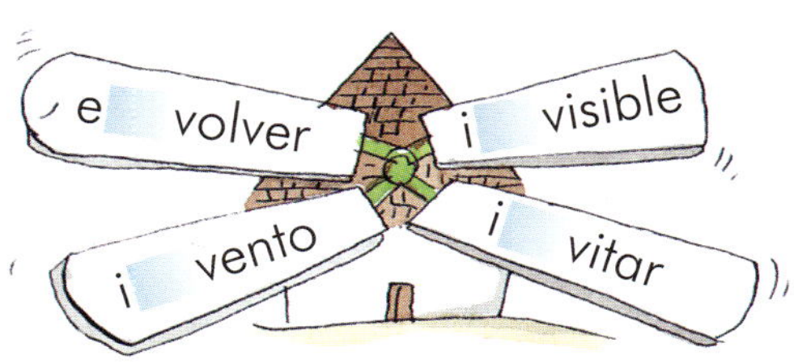

4 Completa la poesía con estas palabras y recítala.

calculadora **ruiseñor** **tambor** **horas**

Para ser un buen trovador
no hay que tocar el
Hay que cantar como un
y recitar sin rubor.

Para ser una buena trovadora
no hay que ser muy voceadora.
Hay que cantar a todas
y ser muy

CHARO G. PARRA

PARA TROTAMUNDOS

5 *Une cada ficha de puzle con su contrario.*

6 *Escribe el nombre de estos dibujos y forma con la primera letra de cada palabra un sustantivo común.*

7 *Une cada sustantivo femenino con el sustantivo masculino que le corresponde.*

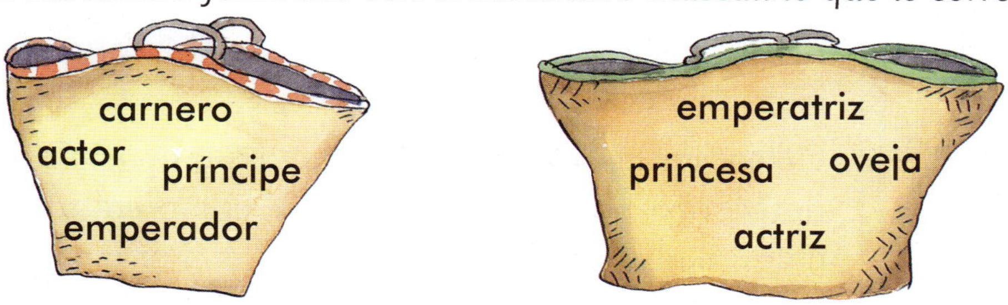

8 *Busca en esta sopa de letras cuatro sinónimos de barrera.*

A	W	E	R	G	S	I
V	A	L	L	A	J	G
K	G	O	C	G	L	H
S	Q	F	M	U	R	O
I	V	E	R	J	A	F
O	F	D	Ñ	X	Z	A
M	U	R	A	L	L	A

9 *Completa en tu cuaderno esta pirámide de palabras, añadiendo una letra más cada vez.*

6 HABLANDO NOS ENTENDEMOS

Los **Trotamundos** han viajado a África y allí conocerán a Cerote, un rinoceronte muy especial. Él les enseñará que cuando nos preocupa algo, lo mejor es hablar con alguien para intentar buscar una solución. A Cerote le gustaría dejar de huir, y por eso le propone un trato al señor Moto.

¿De quién crees que puede huir un rinoceronte?

¿Quién escribe?

Alfredo Gómez Cerdá

Siempre ha tenido mucha imaginación. De pequeño le gustaba mucho pintar. Pintaba un barco e imaginaba que era el capitán, o pintaba un tren e imaginaba que era el maquinista.

Un encuentro inesperado

No muy lejos de las tierras del señor Moto y la señora Luma, más bien al este de África, vivía Cerote.

Cerote era un rinoceronte tranquilo y apacible. Como era **herbívoro** no necesitaba cazar. Y como era tan grande y tan fuerte nadie se atrevía a cazarlo a él. Por eso se llevaba bien con todos los animales.

La vida de Cerote habría transcurrido plácidamente de no ser por algunos seres humanos. La culpa la tenía su cuerno. Los seres humanos pensaban que su cuerno tenía poderes extraordinarios y lo perseguían para quitárselo. Cerote estaba harto de huir de los seres humanos.

De vez en cuando, Cerote pasaba cerca de la granja del señor Moto y la señora Luma y se detenía en lo alto de una colina para echar un vistazo.

Una mañana, el señor Moto se alejó un poco de su granja. De pronto, oyó un **chasquido** a sus espaldas. Volvió la cabeza y descubrió a escasos metros a Cerote, que no le quitaba la vista de encima.

El señor Moto comenzó a dar gritos para asustarlo:

–¡Eh, eh! ¡Largo de aquí, bicho enorme! ¡Eh, eh! ¡Fuera! ¡Vete de una vez!

herbívoro: que se alimenta de plantas.

chasquido: ruido que se produce al romperse algo.

Entonces Cerote, un poco molesto por los gritos, dio unos pasos hacia él y dijo:

–¿Alguna vez me he comido yo una de tus gallinas?

–No –reconoció sorprendido el señor Moto.

–Entonces… ¿por qué me gritas de esa forma?

–Pues, no lo sé… –reconoció el señor Moto–. Pero comprende que si un ser humano se encuentra de repente con un rinoceronte, reaccione como yo he reaccionado.

–Para mí no tiene nada de especial encontrarme con un rinoceronte.

El señor Moto se fue calmando poco a poco, al comprobar que Cerote era un rinoceronte pacífico y **dialogante**.

–Pues… te pido disculpas por los gritos –le dijo incluso–. Te aseguro que no era mi intención molestarte.

dialogante: con quien se puede hablar.

Entonces Cerote se atrevió a confesarle sus intenciones:

–La verdad es que no estoy aquí por casualidad. Llevaba un buen rato esperándote. Quería hablar contigo de un asunto, de algo que tal vez nos interese a los dos. Verás… yo… –a Cerote le costaba trabajo **revelar** sus pensamientos–. A mí… me gustaría… me gustaría vivir en tu granja.

–¡Un rinoceronte en mi granja-ja-ja-ja! –al señor Moto le dio un ataque de risa–. Un rinoceronte en una granja es… es… ¡imposible!

–Piénsalo bien, señor Moto –le dijo Cerote–. ¿Has visto alguna vez un león atacándome? ¿O un guepardo persiguiéndome? ¿O una bandada de monos molestándome? ¿O las hienas rodeándome?

Después de pensarlo un instante, el señor Moto respondió:

–No, no lo he visto.

–Mi gran tamaño, mi aspecto **huraño** y este cuerno largo y afilado que tengo sobre la nariz causan mucho respeto.

–No lo dudo –dijo el señor Moto, fijando su vista en el cuerno.

–Pero, ¿aún no entiendes lo que quiero decirte? –se impacientó Cerote.

–Como no hables más claro…

–Yo cuidaré de tu granja día y noche.

Al oír estas palabras el señor Moto se quedó con la boca abierta.

Alfredo Gómez Cerdá
Cerote, el rey del gallinero. Ediciones SM

revelar: mostrar.

huraño: que no está a gusto con la gente y prefiere estar solo.

COMPRENSIÓN LECTORA

1 Piensa y contesta.

- ¿Dónde sucede la historia?
- ¿Quiénes son los protagonistas?
- ¿Qué problema tiene Cerote?
- ¿Dónde le gustaría vivir a Cerote?

2 Ordena en tu cuaderno las viñetas según el orden en que ocurre la historia.

A

B

C

3 Explica por qué cree Cerote que puede ser un buen guardián de la granja del señor Moto. ¿Estás de acuerdo con él? ¿Por qué?

4 Elige el significado correcto de la expresión "el señor Moto se quedó *con la boca abierta*".

a) con sueño

b) muy hambriento

c) muy sorprendido

5 En el texto se dice que Cerote es un rinoceronte dialogante. ¿Por qué? Piensa en cómo reacciona cuando le grita el señor Moto.

6 Escribe dos razones por las que crees que Cerote quiere vivir en la granja del señor Moto.

7 ¿Qué harías tú en el lugar del señor Moto? ¿Dejarías a Cerote ser el guardián de tu granja? Escribe dos razones por las que sí le dejarías y otras dos por las que no.

Las palabras polisémicas

Lee las oraciones y fíjate en la palabra destacada.

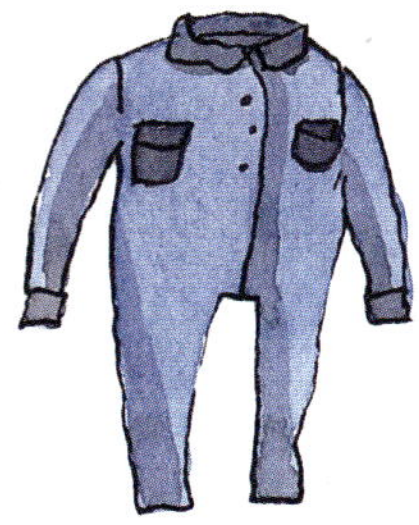

- El mejor amigo de Cerote es un **mono**.
- El señor Moto se puso el **mono** azul para trabajar.

La palabra *mono* es una **palabra polisémica**.

> Las **palabras polisémicas** son las que tienen **varios significados**.

1 *Observa los dibujos. ¿Qué dos significados tienen las palabras antena y fuente?*

antena

fuente

2 *Lee la definición de la palabra pico que aparece en el diccionario y explica qué significado tiene en cada oración*

- Ten cuidado con el **pico** de la mesa.
- El albañil cogió un **pico** para hacer el hoyo.
- Los alpinistas llegaron al **pico** contentos.
- Los gorriones tienen el **pico** pequeño.

> **pico** **1** Boca de un ave. **2** Parte de algo que sale hacia fuera. **3** Herramienta que sirve para picar. **4** Parte más alta de una montaña.

3 *Completa en tu cuaderno las oraciones con las palabras llave o banco.*

- Cuando salgas, cierra con ___, por favor.
- Vamos a descansar en este ___
- Raquel ha aprendido una nueva ___ en la clase de kárate.
- Mi madre trabaja en un ___

4 *Busca la palabra falda en el diccionario y escribe una oración con cada uno de sus significados.*

Palabras con *r* y *rr*

Observa cómo se escriben estas palabras.

paraguas

caracol

radio

reloj

burro

enredadera

sonriente

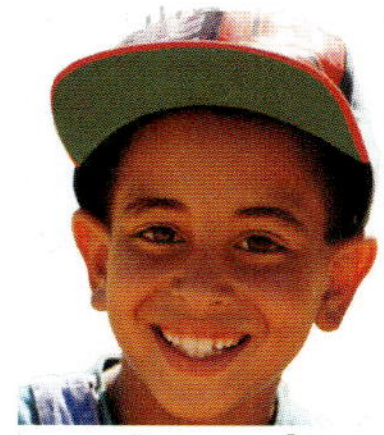
israelí

El **sonido suave** de la **r** se escribe siempre **r**.

El **sonido fuerte** de la **r**:

- Se escribe **r** al principio de palabra: **rojo**.
- Se escribe **rr** entre vocales: **perro**.
- Se escribe **r** después de **l**, **n** y **s**: **enredo**, **alrededor**, **Israel**.

1 *Clasifica en tu cuaderno estas palabras.*

ruido	serrín	moreno	rodilla
alrededor	oscuridad	minería	marrón
arroz	barrote	ronronear	pereza

Sonido *r* suave
r

Sonido *r* fuerte	
r	rr

2 *Sustituye los dibujos por palabras que tienen el sonido r fuerte.*

- Para ir en esa barca necesitamos dos 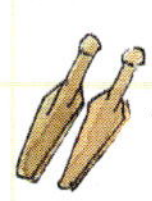.
- El  está lleno de calabazas.
- El  se escondió entre la maleza.
- De postre comimos un  de uvas.

El adjetivo

Lee este texto sobre Cerote.

Cerote era un rinoceronte **grande**, **grandísimo**, **enorme**.

Cerote tenía las orejas **tiesas** y **puntiagudas**, y el hocico muy **largo**.

Y lo que más llamaba la atención del cuerpo **robusto** de Cerote era algo que estaba situado justo encima de su nariz: un cuerno muy **largo**, **derecho** y **afilado**, que parecía una **gigantesca** punta de lanza.

ALFREDO GÓMEZ CERDÁ
Cerote, el rey del gallinero. Ediciones SM

Las palabras destacadas son **adjetivos**.

Los **adjetivos** son las palabras que expresan **cómo son** o **cómo están** las personas, los animales, las cosas y los lugares.

Los adjetivos suelen acompañar a un **sustantivo**.

1 *Completa las oraciones con estos adjetivos.*

espacial | multicolor | salvaje | fresca

- La cebra es un animal ______
- Nos mojamos los pies en el agua ______ del arroyo.
- En la nave ______ viajaban dos astronautas.
- A mi prima Alba le han regalado una cometa ______

2 *Copia y rodea el adjetivo que aparece en cada grupo de palabras. Después, subraya el sustantivo al que se refiere.*

una estrella fugaz
los niños alegres
unas fiestas divertidas
la montaña nevada
un río caudaloso

la roja amapola
un coche amarillo
la blanca nieve
los rápidos leones
una amplia sonrisa

Recuerda

Los **sustantivos** son las palabras que utilizamos para nombrar a las personas, los animales, las cosas y los lugares.

3 *Cambia los adjetivos por otros que signifiquen lo contrario.*

- el reloj caro → *el reloj barato*
- una casa antigua
- el suelo limpio
- un libro divertido
- una botella vacía
- un animal rápido
- el pelo liso
- la calle ancha

4 *Clasifica estos adjetivos, según indiquen color o forma.*

redondo	grisáceo	rectangular	cuadrado
rojizo	ovalado	amarillento	azulado

Color ➡ ______ **Forma** ➡ ______

5 *Encuentra los cinco adjetivos que hay en este texto y ordénalos alfabéticamente en tu cuaderno.*

El pequeño dragón quería aprender a lanzar llamas rojizas. Pero cuando abría su enorme boca, únicamente salían nubes blancas. De pronto vio que una de sus nubes parecía un delicioso pastel y comenzó a sonreír.

6 *Observa la fotografía y completa con los siguientes adjetivos.*

sonriente **verde** **chata**

trenzado **negros** **pequeñas**

- Los ojos ______
- El pelo ______
- La cara ______

- La nariz ______
- Las manos ______
- La camiseta ______

7 *Escribe tres adjetivos que expliquen cómo es tu mejor amigo o amiga.*

EXPRESIÓN ESCRITA

Escribir invitaciones

Lee esta invitación.

El señor Moto y la señora Luma

TE INVITAN A SU FIESTA

PARA: La gallina Lolina.

VAMOS A CELEBRAR: La llegada de Cerote.

EL DÍA: 8 de mayo.

A LAS: 5 de la tarde.

¿DÓNDE?: En el patio de la granja.

HABRÁ: Merienda y baile.

Para **escribir una invitación** hay que indicar:

- **Quién** es la persona que **invita**.
- **A quién** va dirigida la invitación.
- **Cuál es el motivo** de la reunión.
- El **día**, la **hora** y el **lugar** de la celebración.

1 *Rellena una ficha como esta con los datos de la invitación.*

¿QUIÉN INVITA?	
¿A QUIÉN INVITA?	
¿CUÁL ES EL MOTIVO?	

¿QUÉ DÍA?	
¿A QUÉ HORA?	
¿EN QUÉ LUGAR?	

2 *Observa las viñetas y escribe en tu cuaderno una invitación para una fiesta de cumpleaños y otra para la inauguración de una biblioteca.*

Los personajes de los cuentos populares

Lee el comienzo de este cuento.

El pan y la sal

Había una vez un rey que tenía tres hijas; dos eran altivas y soberbias, la tercera era dulce y buena. El rey decidió repartir entre sus hijas la herencia.

–Queridas hijas, quiero repartir mi reino, pero primero me gustaría saber cuánto me queréis.

–Yo te quiero como a un sol –dijo la mayor. Y el padre, complacido, le regaló la tercera parte del reino.

–Yo te quiero tanto como a mi propia vida –dijo la segunda. Y el padre, complacido, le regaló la tercera parte del reino.

Le tocaba el turno a la pequeña, que dijo simplemente:

–Yo te quiero como al pan y a la sal.

El rey montó en cólera y echó de casa a su hija pequeña.

CUENTO POPULAR SUECO

En los **cuentos populares** aparecen **personajes** buenos, como **hadas**, **príncipes**, **princesas**, que al final son felices, y personajes malvados, ogros, brujas o dragones, que al final reciben su castigo.

1 *¿Quién crees que será la protagonista de* El pan y la sal*?*

2 *¿Qué respuestas le gustaron al rey? ¿Qué recibieron las princesas a cambio?*

3 *Lee el final del cuento. ¿Cuál de las tres hijas del rey aparece?*

Una noche, llamó al castillo un mendigo. La reina lo reconoció al instante: era su padre. Pero no dijo nada. Lo hizo sentar a la mesa y le sirvió pan y sal. El viejo mendigo dijo:

–Gracias, señora, por el pan y la sal, las cosas más preciosas de la tierra, como he podido aprender.

–Sí –dijo la joven reina–. Pero cuando dije eso a mi padre, me echó de casa. Menos mal que luego encontré al príncipe del reino de al lado, del que ahora soy su esposa.

Entonces el viejo rey reconoció a su hija y ambos se abrazaron.

EXPRESIÓN ORAL

Iniciar y cerrar una conversación

Palabras acogedoras

En todas las culturas existen palabras especiales para iniciar y terminar una conversación. El sentido de esas palabras es crear un ambiente acogedor en el que la otra persona se sienta cómoda. A todos nos gusta que nos hablen con amabilidad, por eso, mostrar interés por la persona, desearle un buen día o agradecerle que nos haya escuchado son formas de convertir la conversación en un momento agradable y cercano.

Observa estas viñetas.

Cuando conversamos con otras personas, no debemos olvidar:

- **Comenzar la conversación con saludos y comentarios cariñosos: *¡Buenos días! ¿Cómo estás?... ¡Hola! ¿Qué tal?...***
- **Usar palabras amables para despedirnos: *¡Hasta pronto! Que lo pases bien. ¡Cuídate!***

1 ¿Qué dirías para empezar o para terminar una conversación en cada una de estas situaciones?

- Te encuentras con un amigo o amiga a quien hace mucho que no ves.
- Te despides de tus abuelos, a los que no volverás a ver hasta dentro de un año.
- Estás en una fiesta y te despides del amigo que te ha invitado.

en Resumen

Repasa la unidad y completa este resumen en tu cuaderno.

sustantivo · fuerte · populares · cómo son · cómo están

A quién · significados · Cuál es el motivo · suave · invita

- Las **palabras polisémicas** son las que tienen varios ______
- El sonido ______ de la **r** se escribe siempre **r**.
- El sonido ______ de la **r** se escribe **r** al principio de palabra, **rr** entre vocales y **r** después de **l**, **n** y **s**.
- Los **adjetivos** son las palabras que expresan ______ o ______ las personas, los animales, las cosas y los lugares.

  Los adjetivos suelen acompañar a un ______
- Para **escribir una invitación** hay que indicar: Quién es la persona que ______. ______ va dirigida la invitación. ______ de la reunión. El **día**, la **hora** y el **lugar** de la celebración.
- En los cuentos ______ aparecen **personajes** buenos, como hadas, príncipes, princesas, que al final son felices, y personajes malvados, ogros, brujas o dragones, que al final reciben su castigo.

ACTIVIDADES PARA REVISAR TU ORTOGRAFÍA

1. *Lee el dictado y clasifica las palabras marcadas. Después, cópialo en tu cuaderno.*

Cerote escuchó un **ruido rarísimo** en mitad de la noche. Se levantó y se acercó al **corral**. Miró junto al **carro** de paja. Pensó que las gallinas **estarían** picoteando junto a las **ruedas**, pero dormían tranquilamente. **Observó** al **burro** del señor Moto, que descansaba sobre unas pajas. Por fin, descubrió algo que se movía junto a la pocilga de los **cerdos**. ¡Era una **mariposa** que tenía un ala **rota**! Cerote la cogió con cuidado y la **curó** con mucho **cariño**. Le puso una venda y se la llevó a **dormir** con él. Al día siguiente, se la enseñaría al señor Moto.

Sonido *r* suave
r
______

Sonido *r* fuerte	
r	rr
______	______

2. *Completa estas palabras con r o rr.*

a__oma	En__ique	he__ida	__iachuelo
u__aca	__amillete	ca__il	go__ila

RECUERDA LO ANTERIOR

1. *Sustituye la palabra cosa por otro sustantivo de significado más exacto.*

toalla	bandeja
cuchara	historia

- Necesito esa **cosa** de madera para remover el guiso.
- Marga me ha contado una **cosa** muy divertida.
- ¿Me pasas esa **cosa** que tiene platos, por favor?
- Esa **cosa** se ha caído del toallero.

2. *Escribe en tu cuaderno estas palabras, ordenándolas alfabéticamente.*

suerte	increíble	vacaciones
niño	agua	ventana
amigo	imperdible	cazuela
oruga	salero	puerta
bueno	zapato	lluvia

3. *¿Cuál de las siguientes invitaciones te parece más adecuada para una fiesta de disfraces? Explica por qué.*

A

Te invito a
una fiesta de disfraces
Será el día 15 de junio

B

Marcelo Almansa
invita a:
Victoria Somosierra a una fiesta
de disfraces.
Será el día 15 de junio
a las 7 de la tarde
en la calle Escribanos, 14.

4. *Observa la fotografía y completa con artículos y adjetivos.*

- La trompa alargada.
- ▭ orejas ▭
- ▭ piel ▭
- ▭ colmillos ▭
- ▭ patas ▭
- ▭ cola ▭

5. *Clasifica los sustantivos según sean comunes o propios.*

pueblo	hermano	Juan	Caqui
Segovia	Ana	amiga	gato

Sustantivos comunes

Sustantivos propios

6. *Completa estas oraciones con la palabra polisémica que falta.*

- El domingo iremos a la .
- La  es una herramienta que sirve para cortar madera.

7. *Copia este texto y rodea los adjetivos. Después señala a qué sustantivo se refiere cada uno.*

La pantera negra es un leopardo con el pelo oscuro. Tiene una vista muy buena y ve igual de día que de noche. Sus afiladas uñas son tan largas como el dedo de un niño.

PON A PRUEBA TUS COMPETENCIAS

Los chistes

¿Cómo se reconoce un chiste? Porque hace reír (a no ser que el chiste sea malo, claro). Un chiste es un cuento corto con un final sorprendente. Uno dice dos frases divertidas, otro las cuenta ampliándolas un poco, y acaba formándose todo un chiste.

Con los personajes literarios suele ser fácil saber quién los ha inventado. Pero ¿y con los chistes? Todos los cuentachistes del mundo tendrán que firmar un contrato en el que pusiera lo siguiente:

> *Por la siguiente me comprometo a que, cada vez que cuente una historieta, un chascarrillo o algo gracioso, diré quién lo ha inventado. Y si no lo cumplo, que me pongan una multa de xx* (y aquí se escribe una cantidad y la moneda del país).
>
> *Firmado: Pepe el de los chistes* (o como se llame).

Así sabríamos siempre quién fue el ingenioso primero.

ULRICH JANSSEN Y ULLA STEUERNAGEL
Una universidad para los niños. Crítica

1. Localiza en el texto la definición de la palabra *chiste*. Busca en un diccionario otra definición y compárala con la del texto.

2. Explica en tu cuaderno cómo se forma un chiste.

3. Según el texto, ¿qué diferencia hay entre los personajes que aparecen en los chistes y los personajes literarios?

4. ¿Por qué los cuentachistes tendrían que firmar un contrato?

5. Fíjate en el contrato y contesta a las preguntas.

- ¿A qué se compromete la persona que firma el contrato?
- ¿Qué sucede si no lo cumple?
- El contrato que aparece en el texto es un modelo imaginario. Fíjate en los paréntesis. ¿Qué tres datos del contrato habría que cambiar respecto al modelo?

7 LUCES Y COLORES

Ponte el disfraz de **Trotamundos**, dibuja una sonrisa en tu cara, pinta la vida de colores y disfruta de esta historia que es toda una fiesta. ¡Es carnaval! ¿Quién ganará el premio al mejor disfraz?

¿Quién escribe?

Consuelo Armijo

En el mundo de los cuentos, existen las brujas, los duendes, los gigantes... y todos los seres que inventa Consuelo con su gran imaginación, como Marabato. Como dice la autora: "¡Es tan bonito inventarse mundos nuevos y que las cosas pasen como tú quieres!".

serpenteaban: se movían haciendo eses como las serpientes.

Carnavales

Era carnaval, y de las manos de los niños, de los balcones y ventanas, hasta de las carrozas adornadas, caía una lluvia que no mojaba.

Unas gotas eran azules, otras verdes, otras rojas, otras anaranjadas. ¡Y entre todas vestían el aire de lunares!

Era esa una lluvia de papel, llena de gotas rojas de amor, otras verdes de ilusión. También había gotas de tristeza, tirando a amarillentas, como soles de invierno, ya casi sin fuerza. Y gotas de enfado, color anaranjado. Y otras de alegría, de color azul, añil, violeta y lila.

La lluvia que caía ese día era una lluvia de colores, una lluvia de emociones, una lluvia de vida.

Había también relámpagos de papel, que **serpenteaban** sus colores sobre sombreros de cocineros, sobre escobas de brujas, sobre cucuruchos de hadas y trajes de sevillanas, cruzándose y entrecruzándose, formando arcos iris por todos lados.

Marabato y sus amigos estaban fascinados. Corrían de un sitio a otro para verlo todo. En una esquina un grupo de señoras, con la cabeza cubierta de piñas, cantaba con mucho ritmo. Y en la plazuela, sobre un tablado, un grupo de niñas bailaba echando al vuelo sus volantes, que se convertían en olas del aire.

Por una calle, Marabato vio a su tía, que también iba disfrazada; Marabato no sabría decir de qué, pero desde luego iba disfrazada, ¡y muy bien disfrazada!: ¡si al principio, en vez de su tía pensó que era una pescadilla! Y después, un ciempiés. Y luego, algo nuevo, nunca visto por aquellos sitios. Pero por fin se dio cuenta: eso que parecía una **guindilla**, o quizá una judía, o tal vez una sardina, ¡era su tía!

En esto sonó una trompeta. Iba a empezar el concurso de disfraces. Marabato y sus amigos se sentaron en el bordillo.

–A lo mejor gana mi tía –pensó Marabato muy optimista.

Se presentaron cocineros y frailes, loros de plumas brillantes y soldados con escobas.

En esto, apareció la tía de Marabato. Se oyó una gran **ovación**. Marabato tembló de emoción. Pero...

guindilla: fruto de color rojo o verde, muy picante.

ovación: aplauso muy grande.

Luego empezaron a desfilar las flores. Habían venido de todos los países y lugares. De sitios tropicales y de montañas nevadas. También había geranios que se habían escapado de las ventanas.

Sus colores, sus formas, sus olores... ¡eran todos tantos y tan variados! ¿Hay algo que encierre más fantasía que el traje de una flor? ¡¡Sí!!: los trajes de muchas flores, las flores mismas con todos sus trajes.

El jurado acordó dar el primer premio al conjunto de flores.

La tía de Marabato protestaba, porque decía que ellas no venían disfrazadas, que eran así. Y, como tenía razón, el jurado acordó dar otro premio a la tía de Marabato por ser la mejor disfrazada. Le dio un grandísimo zapato de cartón, y la tía se conformó.

Por la tarde bailaron y bailaron. Las calles eran ríos de gente disfrazada que bailaba dando saltos.

Luego empezó a oscurecer. El día de carnaval se iba a acabar. Como se acaba la Navidad o las fiestas de cumpleaños. Suenan tres petardos y luego un escándalo. Son los fuegos artificiales, que ascienden y ascienden en la oscuridad. Y el negro cielo de la noche de carnaval se viste de **lentejuelas**. ¡Qué bonito final!

CONSUELO ARMIJO
Marabato. Ediciones SM

lentejuelas: adornos brillantes redondos y pequeños que normalmente se cosen a la ropa.

COMPRENSIÓN LECTORA

1 Piensa y contesta.

- ¿En qué época del año ocurre la historia?
- ¿Cómo se llama el protagonista?
- El protagonista conoce a alguien que se presenta al concurso de disfraces. ¿De quién se trata? ¿A qué se parecía su disfraz?

2 Explica el significado de estas oraciones. Para ello, indica qué dibujo corresponde a cada una.

De las manos de los niños caía una **lluvia que no mojaba**.

Había también **relámpagos de papel**.

Ⓐ

Ⓑ

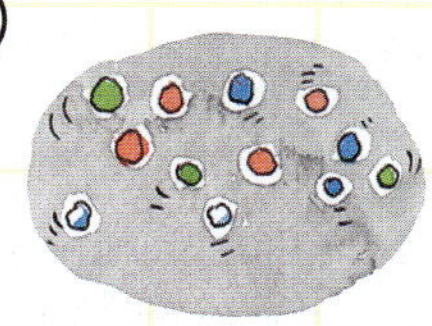

3 Relaciona cada color con un sentimiento, tal y como aparece en el texto.

tristeza	enfado	ilusión	alegría	amor

4 Copia estas oraciones en tu cuaderno según el orden en que ocurre la historia.

Después aparecieron las flores.

Sonó la trompeta y empezó el concurso de disfraces.

Primero se presentó la tía de Marabato.

El jurado decidió dar el primer premio a las flores.

5 Explica qué quiere decir que *El negro cielo de la noche de carnaval se viste de lentejuelas*.

6 La tía de Marabato no está de acuerdo con el jurado del concurso de disfraces. ¿Qué razones da? ¿Estás de acuerdo con ella?

7 ¿Alguna vez has participado en un concurso? Cuenta en qué consistía y cómo quedaste clasificado. ¿Qué crees que es más importante: participar o ganar? Explica por qué.

8 Imagina que tú también vas a participar en un concurso de disfraces. Explica qué disfraz elegirías y por qué.

Los diminutivos

Observa.

La palabra *zapatito* es un **diminutivo**.

Los **diminutivos** son las palabras que indican que algo es de tamaño pequeño.

Los diminutivos se pueden formar añadiendo a las palabras estas terminaciones: **-ito**, **-ita**, **-illo**, **-illa**.

1 Relaciona en tu cuaderno cada palabra con su diminutivo.

ventana	patito	mesa	hornillo
gota	papelito	bota	librito
papel	ventanilla	libro	mesilla
pato	gotita	horno	botita

2 Algunas palabras que terminan en *-illo* o *-illa* no son diminutivos. Indica cuáles de estas palabras son diminutivos y cuáles no.

bombilla	orejilla	nidillo	hebilla	ladrillo
colmillo	pañuelillo	ardilla	escaloncillo	lagrimilla

Diminutivos → ______ No diminutivos → *bombilla*

3 Busca en el diccionario y escribe en tu cuaderno el significado de las siguientes palabras.

astilla lazarillo coronilla rodillo

Palabras que terminan en -*d*, en -*z* y en -*y*

Observa cómo se escriben estas palabras.

laúd

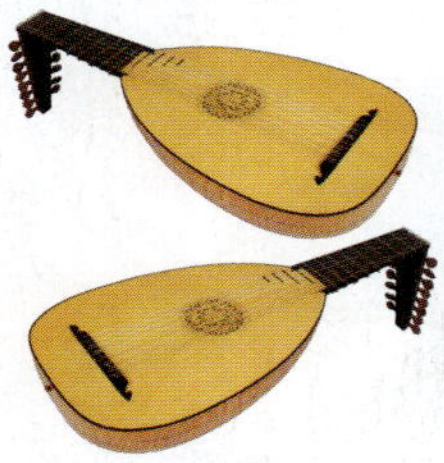
laúdes

pez

peces

rey

reyes

Las palabras que terminan en **-d** forman el plural en **-des**.
Las palabras que terminan en **-z** forman el plural en **-ces**.

Se escribe con **-y**: le**y**, bue**y**, jerse**y**, re**y**, mu**y**, esto**y**, ha**y**, ho**y**, do**y**, so**y** y vo**y**. El plural de los sutantivos que acaban en **-y** termina en **-yes**, excepto *jerséis*.

1 *Escribe estas palabras en singular y clasifícalas.*

antigüedades	avestruces	verdades	actrices
hoces	edades	altavoces	oportunidades

Terminan en -*d*	Terminan en -z

2 *Completa en tu cuaderno estas oraciones con las palabras adecuadas.*

- Yo ______ de un pueblo de la costa.
- He nadado mucho y ahora ______ cansada.
- En la nevera ______ yogures para todos.
- No dejes para mañana lo que puedas hacer ______
- ¡Qué bien! Este verano ______ de vacaciones con mis abuelos.
- Mi amiga Lorena es ______ divertida.

voy
muy
soy
hay
hoy
estoy

3 *Escribe en tu cuaderno una oración con cada una de estas palabras.*

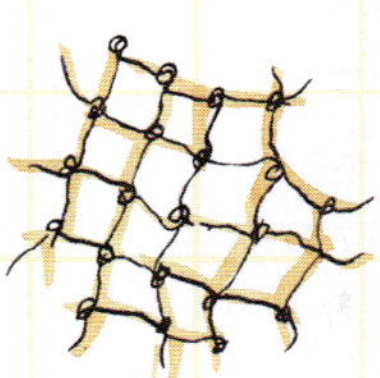
red

diez

buey

jerséis

El género y el número del adjetivo

Observa lo que dicen Marabato y sus amigos.

Las palabras destacadas en azul son **sustantivos** y las destacadas en rojo son **adjetivos**.

> Los **adjetivos** tienen siempre el mismo **género** y el mismo **número** que los **sustantivos** a los que se refieren.

1 Relaciona en tu cuaderno cada sustantivo con un adjetivo.

cajas	bonitos
colchón	vacías
carroza	blando
disfraces	amarilla

2 Rodea el adjetivo que aparece en cada grupo de palabras y subraya el sustantivo al que se refiere. Después completa una tabla como la siguiente en tu cuaderno.

- las gatas cariñosas
- unos niños simpáticos
- el árbol alto
- una bufanda larga
- unas hojas secas
- la gacela rápida
- un jamón salado
- los juegos divertidos

SINGULAR	
masculino	femenino

PLURAL	
masculino	femenino

3 Corrige los errores que hay en estos grupos de palabras y escríbelos correctamente en tu cuaderno.

- el papel rojas
- los loros parlanchín
- la noche estrellados
- las montañas nevado
- los sillones cómodas
- las gotas transparente
- el vestido nueva
- la lechuga frescos

4 Localiza los adjetivos que aparecen en este texto y sustitúyelos por otros que signifiquen lo contrario.

Mi habitación es pequeña y luminosa. A mí me gusta porque desde la ventana se ven unos árboles enormes. El armario es estrecho y tiene tres cajones. También hay un escritorio antiguo que me regalaron mis abuelos.

amplio
grande
oscura
moderno
diminutos

5 Completa en tu cuaderno con artículos y adjetivos.

- El premio lo ganaron ___ flores ___
- Nos gustaron mucho ___ disfraces ___
- ___ niños ___ corrían de un sitio para otro.
- Leímos ___ libro ___

Recuerda

Las formas del artículo son: **el, la, los, las, un, una, unos, unas**.

6 Lee la descripción de Nano y escribe en tu cuaderno cómo es Nana, su hermana melliza.

Nano es el niño más alto de mi clase. Y es tan delgado como un alfiler. Es muy simpático y casi nunca se enfada. Nano es muy moreno y es el niño más pecoso que conozco.

Nana es la niña...

7 Observa los dibujos y completa las oraciones con adjetivos.

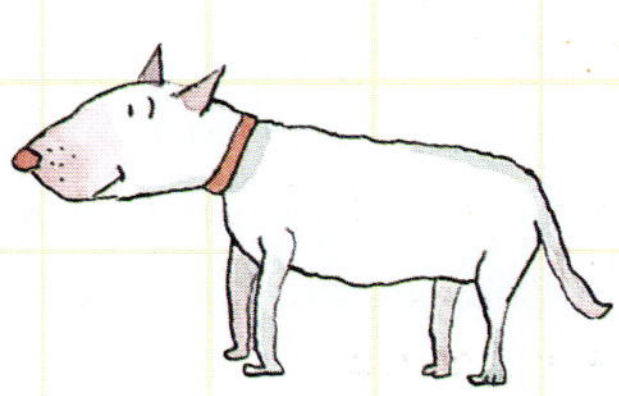

El perro es ___

La falda es ___

Los amigos están ___

Las montañas son ___

Narrar un suceso

Lee este texto.

Este suceso le ocurrió a Marabato tres años después, en el concurso de disfraces del barrio.
Había preparado un imponente disfraz de fantasma. Se vistió con ropas sucias y viejas y se pintó la cara de color blanco. Nadie lo reconoció.
Sus padres estaban en el jurado y al entregar los premios, su madre dijo al público:
–El segundo premio es para el fantasma. No sabemos quiénes son sus padres, pero seguro que no se han aburrido.
Cuando salió Marabato, y se quitó el maquillaje, todos los vecinos soltaron una gran carcajada.

Para **contar un suceso** es importante:
- Elegir hechos especialmente curiosos.
- Contarlos de forma ordenada: **Primero**... **Luego**... **Finalmente**...
- Contarlos de forma amena y divertida.

1 Rellena una ficha como esta con los datos del suceso.

SITUACIÓN INICIAL	¿A quién le ocurrió? ¿Cuándo ocurrió? ¿Dónde ocurrió?
¿QUÉ SUCEDIÓ?	
¿CÓMO TERMINÓ?	

2 Aquí tienes varios fragmentos desordenados de un suceso. Cópialos en orden en tu cuaderno. Para ello, fíjate en las palabras destacadas.

Al final, cuando ya estábamos lejos, miramos asustados a la cueva. ¡Y vimos salir un pequeño gatito! ¡Lo habíamos confundido con un dragón!

Entonces, escuchamos de repente un extraño ruido. ¡Hasta nos pareció ver una sombra moviéndose en la gruta! Por supuesto, nos fuimos corriendo.

El domingo fui al pueblo a ver a mis primos. Estuvimos jugando junto a una gruta preciosa. Imaginábamos que había un dragón enorme.

3 Cuenta un suceso curioso que te haya ocurrido recientemente.

Los trabalenguas

Lee en voz alta estos trabalenguas lo más rápido que puedas y sin confundirte.

1

Como sabes que te quiero,
quieres que te quiera más.
Te quiero más que me quieres.
¿Qué más quieres? ¿Quieres más?

2

En el monte vive la carracatapla
con cuarenta carracataplitos.
Cuando canta la carracatapla,
cantan los carracataplitos.

3

Gallina patalambrérica
con gallo acrestalambreado,
crían los pollos todos
plumalambrericoespatacrestalambreados.

Los **trabalenguas** son pequeñas historias difíciles de pronunciar porque se repite el mismo sonido muchas veces.

1 ¿Cuál es el verbo que más veces aparece en el primer trabalenguas?

2 En los trabalenguas a menudo aparecen palabras inventadas. ¿Cuál es la palabra inventada del segundo trabalenguas?

3 ¿Qué crees que significa la palabra *Patalambrérica*?

a) Que tiene las patas hambrientas.

b) Que tiene las patas ibéricas.

c) Que tiene las patas finas como alambres.

4 Escribe todas las palabras que encuentres dentro de la palabra *plumalambrericoespatacrestalambreados*.

5 Completa en tu cuaderno este trabalenguas con las siguientes palabras.

clavito	**Pablito**	**clavó**

Pablito ______ un clavito.

¿Qué ______ clavó ______?

EXPRESIÓN ORAL

Mantener una conversación

¿Charlamos?

Conversar es mucho más que hablar. No se trata simplemente de decir lo que queremos, sino de saber escuchar lo que los demás nos cuentan. También hay que elegir un tema que sea interesante para todos y tener cuidado de que lo que decimos no moleste a nadie. Se trata de intercambiar comentarios que enriquecen a todas las personas que participan en una conversación.

Observa estas viñetas.

Al mantener una conversación, no olvides:

- **No hablar tú solo durante demasiado tiempo seguido.**
- **Hacer que la otra persona participe en la conversación:** ***¿Qué os parece? ¿Vosotros qué creéis? ¿Qué hicisteis? ¿Cómo estáis?***
- **Escuchar lo que te cuentan con interés.**

1 Elige uno de estos temas y mantén una conversación con un compañero o compañera.

- El último libro que has leído.
- El próximo partido de tu equipo de fútbol.
- Una película de cine o televisión.

2 Comenta con el resto de tus compañeros cómo ha sido esa conversación.

- Ha mirado para otro lado.
- Te ha escuchado con atención y te ha hecho preguntas.
- Te ha interrumpido muchas veces.

en Resumen

Repasa la unidad y completa este resumen en tu cuaderno.

-y | rey | hay | género | -ces | -ito, -ita, -illo, -illa

trabalenguas | jerséis | diminutivos | número | ley | -d

- Los ______ son las palabras que indican que algo es de tamaño pequeño.
- Los diminutivos se pueden formar añadiendo a las palabras estas terminaciones: ______
- Las palabras que terminan en ______ forman el plural en **-des**.
- Las palabras que terminan en **-z** forman el plural en ______
- Se escriben con **-y**: buey, ______, jersey, ______,muy, estoy, ______, hoy, doy, soy y voy.
- Los sustantivos que terminan en ______ forman el plural en **-yes**, excepto ______
- Los **adjetivos** tienen siempre el mismo ______ y el mismo ______ que los sustantivos a los que se refieren.
- Los ______ son pequeñas historias difíciles de pronunciar porque se repite el mismo sonido muchas veces.

ACTIVIDADES PARA REVISAR TU ORTOGRAFÍA

1. *Lee el dictado, escribe el singular de las palabras destacadas. Después, clasifícalas.*

Marabato y sus amigos descubrieron que las **paredes** de su pueblo estaban llenas de carteles anunciando una fiesta de **disfraces**. ¡Era estupendo! Podrían disfrazarse de **reyes** y princesas, o de **peces** de colores. Marabato recordó que el año pasado se disfrazaron de **bueyes**, con unas mallas y unos **jerséis** marrones. ¡Qué bien se lo pasaron!

Quizá este año podrían disfrazarse de **avestruces**, con plumas de papel de colores. ¡O de piezas de un tablero de ajedrez! Seguro que su disfraz destacaba por su originalidad.

-d | -z | -y

2. Completa estas palabras con *d* o *z*.

eda___	felicida___	nari___	antifa___
cicatri___	altavo___	verda___	cantida___

3. Completa estas palabras con *i* o *y*. Si lo necesitas, consulta el diccionario.

ha___   re___es   jersé___s   tax___

1. *Localiza las palabras polisémicas que hay en estas oraciones y explica sus significados.*

- Tengo pinzas de colores para tender la ropa.
- El cangrejo utiliza sus dos pinzas para defenderse.
- Luis anda cojo porque le duele el pie derecho.
- Esta lámpara tiene el pie de barro.

2. *Imagina que eres la persona del dibujo. Cuenta a tus amigos tu último día en la piscina.*

3. *Escribe un artículo y un sustantivo para cada adjetivo.*

saltarín
redonda
tierna
antiguas
tranquilo
rojos

4. *Forma palabras acabadas en -illo o -illa a partir de las siguientes.*

campana	carreta
azúcar	almohada
mercado	teléfono
cama	farol

5. *Observa el dibujo y completa el texto en tu cuaderno utilizando adjetivos.*

En la fiesta de carnaval, Jorge se disfrazó de payaso. Llevaba un sombrero ______ con una flor ______. Su cara era ______. Tenía la nariz ______ y la boca ______. Llevaba una chaqueta con cuadros ______ y ______. Los pantalones eran ______ y ______. Los zapatos eran ______.

6. *Completa en tu cuaderno estas palabras con d o con z.*

ciuda__	actri__
fero__	cantida__
céspe__	cicatri__
antifa__	lu__
mita__	huéspe__

7. *Escribe una oración con el nombre de estas fotografías.*

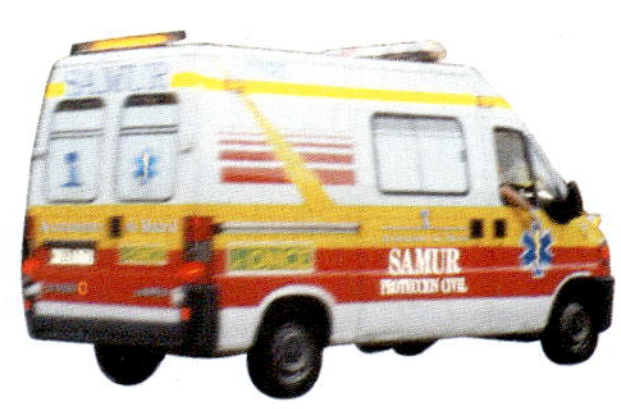

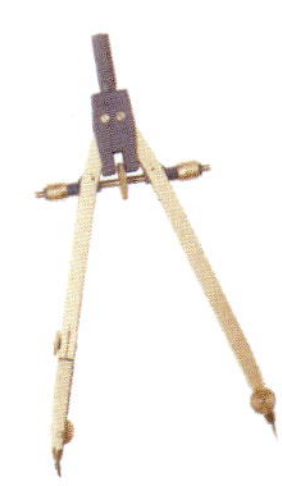

PON A PRUEBA TUS COMPETENCIAS

La sección del lector

"No consigo dejar de morderme las uñas..."

Elena

Escribe a **Muy JUNIOR** (Albasanz, 15. Edificio A. 28037 – Madrid) o a clubjunior@gyj.es

Ponte vinagre en las uñas y cuando vayas a mordértelas te sabrá agrio y dejarás de hacerlo.

Ana, por e-mail

Yo también me las mordía, pero me compraron un líquido en la farmacia que se pone en las uñas y que cuando te las vas a morder te sabe la boca fatal. Así pararás de mordértelas.

María, Pontevedra

Morderse las uñas es psicológico. Si te lo propones, podrás evitarlo.

Joaquín, Granada

Yo lo he intentado y es imposible. Ni con guantes de boxeo.

Carlos, Gerona

"No se me ocurren ideas para celebrar mi cumpleaños. ¿Qué harías?"

Pablo

Envía una carta o un e-mail a Pablo. No querrás que se quede sin fiesta...

Muy Interesante Junior n.° 11

1. ¿A qué problema responden los lectores? ¿Quién lo tiene?
2. ¿Dónde envió su respuesta Ana? ¿Y Carlos?
3. ¿Cuál de las cuatro respuestas crees que será más útil para Elena? ¿Cuál crees que le consolará más? ¿Cuál te parece la peor? Explica por qué en cada caso.
4. ¿Cómo empezaría esta misma sección en el número 12 de la revista? ¿Cómo terminaría en el número 10?
5. Fíjate en cuánto ocupan las respuestas y escribe una respuesta a la pregunta de Pablo que tenga una extensión parecida.

8 SECRETOS BAJO TIERRA

Nuestro planeta ofrece a los **Trotamundos** millones de cosas por descubrir. Y no solo en la superficie. Arriba en el cielo están las nubes y las estrellas, y en el fondo del mar hay peces y corales.

Pero para saber qué se oculta debajo de la tierra, lo mejor será preguntar al lagarto de este cuento. Él te podrá decir si el centro de la Tierra es oscuro y tenebroso o luminoso y lleno de belleza. ¿Tú qué crees? ¿Será como él lo cuenta?

¿Quién escribe?

Joan Manuel Gisbert

Joan Manuel es como un mago. Cada vez que escribe una historia, nos hechiza. ¿Los ingredientes de su magia? Mucha fantasía y montones de secretos. Al fin y al cabo, si no fueran secretos, ¿dónde estarían la magia y el misterio?

El lagarto que bajó al centro de la Tierra

Hubo una vez un lagarto que se encontró entre las rocas una sortija que tenía una piedra preciosa blanca como el hielo, casi transparente, muy antigua y valiosa.

"¡Qué suerte la mía, qué gran fortuna he conseguido! –pensó–. Desde ahora puedo considerarme rico. Será mejor que esconda el anillo en seguida."

Buscó en las rocas una rendija que fuese lo bastante segura. Encontró una muy estrecha y profunda. Nunca había entrado allí. Podía ser perfecta para lo que quería. Entonces, cuando estaba pensando cuál sería el mejor rincón para dejar guardada la sortija, se distrajo un momento y la joya se le escapó de las patas.

Aquel pasadizo de piedra descendía hacia el mundo subterráneo. Por eso el lagarto oyó el tintineo de la sortija al ir rebotando.

Se lanzó hacia abajo sin pensarlo. Una vez en la vida que había encontrado algo de tanta belleza y valor, no podía consentir que se le perdiera por un descuido. Bajaba con tanta rapidez como podía. Seguía el cling-cling que hacía el anillo al ir cayendo.

Poco a poco, las profundidades se iban convirtiendo en un laberinto de galerías, túneles, pozos, cavernas y grietas gigantescas que producían asombro y también miedo.

El lagarto nunca había llegado tan abajo. Estaba en un lugar totalmente desconocido y extraño. El cling-cling continuaba oyéndose. Le servía de guía. De otro modo no hubiese sabido por dónde continuar.

Así pasaron horas, días, semanas. Casi muerto de hambre y de cansancio, el lagarto siguió y siguió bajando. Era un descenso que no parecía tener final. Aunque no se daba cuenta, estaba cerca del centro de la Tierra.

Empezó a ver cosas sorprendentes, fabulosas. Cataratas subterráneas iluminadas por una misteriosa luz. Ríos y lagos subterráneos. Flores gigantescas y muchas otras cosas de grandiosa belleza que no se podía explicar.

"Aquí hay algunas de las mayores preciosidades del mundo –se dijo el lagarto, con ojos admirados–. Y no las había visto nadie."

Entonces se dio cuenta de que había dejado de oír el cling-cling de la sortija. Ya no podría recuperarla. La había perdido para siempre.

Pero no se puso triste. Tenía algo mejor. Gracias al anillo, sus ojos habían contemplado los secretos paisajes del interior de la Tierra. Nunca podría olvidarlo. Aquel recuerdo sería un tesoro para él y para todos sus descendientes.

Tardó mucho en volver a la superficie. Pensó que iba a morir, que nunca llegaría. Pero logró sobrevivir.

Pasado mucho tiempo, volvió a asomar la cabeza a la superficie de la Tierra. Era de noche. Vio la luna. Vio las estrellas **desparramadas** por el cielo oscuro. Respiró de nuevo el aire libre y fresco hasta **saciarse**.

No había olvidado ni olvidaría nunca los fabulosos lugares de las **entrañas** de la Tierra. Y les contó a todos los lagartos lo que había visto.

desparramadas: separadas, esparcidas.

saciarse: satisfacer por completo una necesidad.

entrañas: parte más interior y oculta.

JOAN MANUEL GISBERT
Regalos para el rey del bosque. Ediciones SM

COMPRENSIÓN LECTORA

1 Piensa y contesta.

- ¿Quién es el protagonista de la historia?
- ¿Qué encontró un día entre las rocas?
- ¿Qué decidió hacer con el objeto que había encontrado?
- ¿Cuándo se dio cuenta el lagarto de que había perdido la sortija para siempre?

2 Ordena las viñetas en tu cuaderno y explica qué ocurre en cada una.

Ⓐ

Ⓑ

Ⓒ

3 En su viaje por el interior de la Tierra, el lagarto recorrió *un laberinto de galerías, túneles, pozos, cavernas y grietas*. ¿Cómo era el camino?

- recto y fácil.
- duro y complicado.

4 Señala lo que vio el lagarto cuando salió de nuevo a la superficie.

Ⓐ

Ⓑ

Ⓒ

5 Imagina que eres el lagarto y, al volver de tu viaje, le cuentas a todos los lagartos las maravillas que has visto. Escribe en tu cuaderno cómo las describirías y qué les explicarías.

6 El lagarto creía que la sortija era valiosa, pero encontró un tesoro mejor. ¿Cuál? ¿Estás de acuerdo con él?

7 El lagarto compartió los recuerdos de aquel viaje con todos los lagartos. ¿Qué sueles compartir tú con los demás? ¿Con qué personas te gusta compartir tus experiencias?

Los aumentativos

Observa y lee lo que dice el lagarto.

Las palabras *anillazo* y *tesorón* son **aumentativos**.

> Los **aumentativos** son las palabras que indican que algo es de gran tamaño.
> Los aumentativos se forman añadiendo a las palabras estas terminaciones: **-ón**, **-ona**, **-azo**, **-aza**, **-ote**, **-ota**.

1 Relaciona en tu cuaderno cada palabra con su aumentativo.

libro	botonazo	perro	cestón
botón	casaza	cesto	lamparona
casa	camona	piedra	perrazo
cama	librote	lámpara	piedraza

2 Escribe el aumentativo de estas palabras.

coche	maleta	árbol
ventana	abrigo	planta
agujero	melón	piscina

3 No todas las palabras que acaban en *-ón, -ona, -azo, -aza, -ote, -ota* son aumentativos. Busca en el diccionario estas palabras y copia su significado.

coraza jergón cachalote amazona

Los dos puntos. Palabras con *bl* y *br*

Lee lo que dice el lagarto.

Se escriben dos puntos (**:**):

- Antes de escribir una serie.
- Antes de escribir las palabras que dice un personaje en un diálogo.
- Después del saludo de las cartas.

Se escriben con *b* los sonidos **bl** y **br**.

1 *Completa en tu cuaderno estas oraciones. No olvides escribir dos puntos donde es necesario.*

- Mis ▭ se llaman así ▭
- En la cesta de la compra hay estos alimentos ▭
- Mis ▭ preferidos son los siguientes ▭
- En la frutería compramos frutas deliciosas ▭

2 *Inventa el final y completa en tu cuaderno el diálogo entre Román y Susana.*

Román y Susana fueron a patinar al parque. Ya llevaban mucho rato patinando cuando vieron un banco libre.

Román le preguntó a Susana:

▭

Susana le contestó:

▭

3 *Escribe en tu cuaderno los nombres de estos dibujos con bl o br.*

GRAMÁTICA

Los determinantes demostrativos

Observa lo que piensa el lagarto.

Las palabras *este, ese* y *aquellas* son **determinantes demostrativos**.

> Los **determinantes demostrativos** son las palabras que acompañan al sustantivo para indicar qué **distancia** hay entre la persona que habla y el objeto al que se refiere.
> Los determinantes demostrativos tienen el mismo **género** y **número** que el sustantivo al que acompañan.

1 *Copia estos grupos de palabras. Rodea los determinantes demostrativos y clasifícalos según la distancia que indican.*

esos ríos	aquel lago	estas cataratas
este anillo	ese puerto	estos peces
aquellas estrellas	esa flor	aquella gaviota
aquellos arbustos	esta colmena	esas colinas

Cerca

Distancia media

Lejos

2 *Escribe los determinantes demostrativos que corresponden a cada dibujo.*

3 Corrige los demostrativos que aparecen en estos grupos de palabras y escríbelos correctamente en tu cuaderno.

estos lagarto	aquel zapatos	esa luces
aquella jersey	este compañeros	esas guantes

4 Copia y rodea los demostrativos que hay en este texto y subraya el sustantivo al que se refieren.

¡Hola, Wang!
Te envío este dibujo para que conozcas mi barrio. Yo vivo en esa casa amarilla que se ve a la derecha. ¿Te gusta? Cuando vengas podremos jugar en el parque que hay al lado. Y nos montaremos en aquellos columpios del fondo.
Hasta pronto,
David

5 Completa en tu cuaderno con *este* o *aquel*.

6 Observa el dibujo y completa el texto con los determinantes demostrativos que faltan.

Carlos se ha perdido ___ mañana. En seguida ha pensado: "¿Cómo puedo llegar al colegio? ¿Llamo a mis padres desde ___ cabina de aquí? ¿O mejor pregunto en ___ tienda de ahí? ¡Ya lo sé! Voy a pedirle a ___ guardia que me ayude".

EXPRESIÓN ESCRITA

Escribir una carta

Lee la carta que le escribe el lagarto a sus amigos.

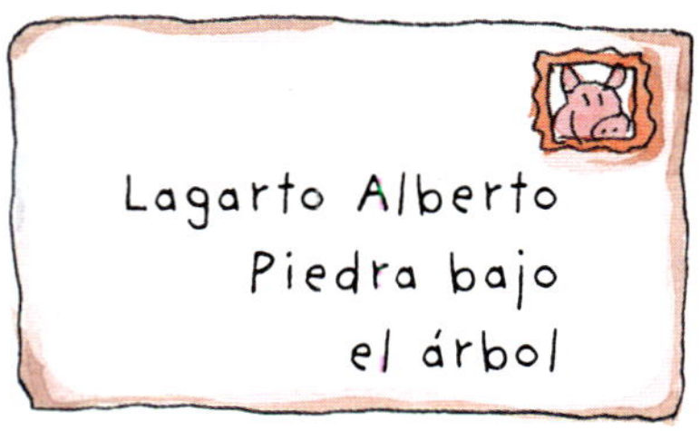

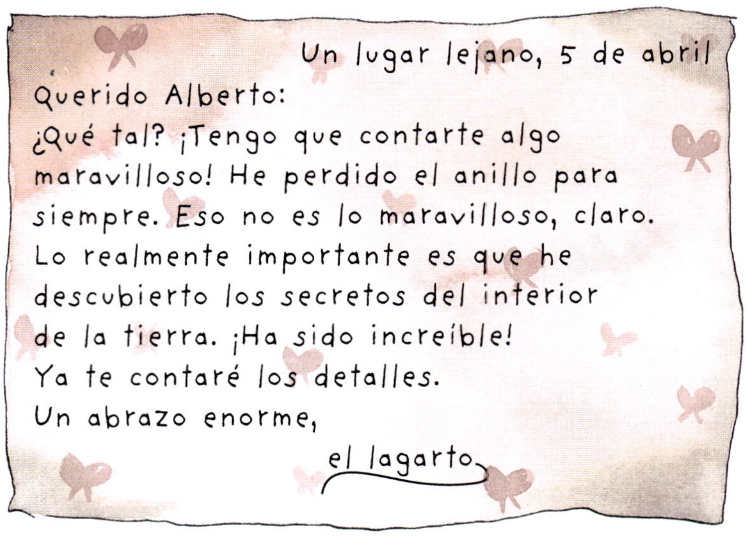
Un lugar lejano, 5 de abril

Querido Alberto:

¿Qué tal? ¡Tengo que contarte algo maravilloso! He perdido el anillo para siempre. Eso no es lo maravilloso, claro. Lo realmente importante es que he descubierto los secretos del interior de la tierra. ¡Ha sido increíble!

Ya te contaré los detalles.

Un abrazo enorme,

el lagarto

En una **carta** siempre aparecen estos **datos**: lugar y fecha, saludo, lo que queremos contar, despedida y firma.

1 Completa en tu cuaderno con los datos que aparecen en la carta.

- **Remitente** (¿Quién escribe?)
- **Saludo**
- **Destinatario** (¿A quién escribe?)
- **Mensaje** (¿Qué cuenta?)
- **Lugar**
- **Despedida**
- **Fecha**
- **Firma**

2 Clasifica estos grupos de palabras, según se utilicen como formas de saludo o como formas de despedida.

- ¡Hola, abuela!:
- Un abrazo muy fuerte.
- Estimado amigo:
- Muchos besos.
- Querido Santi:
- ¡Hasta pronto!

Formas de saludo | **Formas de despedida**

3 Escribe una carta a un amigo contándole algo interesante que te haya pasado en las últimas vacaciones.

La poesía: la rima

Aprende y recita esta poesía.

Doña primavera

Doña Primavera
viste que es primor,
viste en limonero
y en naranjo en flor.

Lleva por sandalias
unas anchas hojas,
y por caravana
unas fucsias rojas.

Salid a encontrarla
por esos caminos.
¡Va loca de soles
y loca de trinos!

Doña Primavera
de aliento fecundo,
se ríe de todas
las penas del mundo...

GABRIELA MISTRAL

Cada una de las líneas de una **poesía** se llama **verso**. Dos versos **riman** cuando sus últimas palabras terminan igual o parecido.

1 ¿Qué palabras riman? Haz parejas de palabras que terminen igual.

primor	rojas	fecundo	caminos
hojas	trinos	flor	mundo

2 ¿Qué significa en la poesía *fucsias*?

3 ¿Qué sensación transmite la poesía?

4 Completa la poesía con las palabras del recuadro. Deben rimar con la última palabra del verso anterior.

valles **vuela** **mañanas**

Las claras campanas
en claras ______
su clara voz dan:
tintán y tintán.

Por plazas y calles,
por lomas y ______,
llamándonos van:
tintán y tintán.

De escuela en escuela
su música ______:
tintán y tintán,
tintán y tintán.

GERMÁN BERDIALES

EXPRESIÓN ORAL

Hablar con respeto

¿Podría decirme...?

La mejor manera de entenderse bien con alguien es hablarle con respeto. A todos nos gusta que nos pidan las cosas por favor, que nos den las gracias si facilitamos una información o que nos hablen con amabilidad. Si no tienes claro cómo debes dirigirte a otra persona, recuerda de qué forma te gusta que te traten a ti y seguro que aciertas. Y no olvides hablar de usted a las personas mayores.

Observa estas viñetas.

Cuando hablamos con otras personas no debemos olvidar:

- **Utilizar la forma *usted* para expresar nuestro respeto, sobre todo si son personas mayores.**
- **Hacer preguntas de manera educada, utilizando expresiones como: *Por favor, ¿podría...?; Perdone, ¿le importa que...?***
- **Dar las gracias.**

1 *Imagina qué dirías en estos casos.*

- Golpeas sin querer con el patinete a una señora.
- Te traen un regalo unos amigos de tus padres.
- Vas de viaje y te ofrecen una comida que no te gusta.

2 *¿Cómo le preguntarías a estas personas la hora?*

- A un amigo.
- A una persona mayor.
- A un guardia de tráfico.

en Resumen

Repasa la unidad y completa este resumen en tu cuaderno.

carta · número · lugar · verso · género · dos puntos · b · demostrativos · bl y br · aumentativos · saludo

- Los ____ son las palabras que indican que algo es de gran tamaño.
- Se escriben ____ antes de una serie, antes de las palabras que dice una persona y después del saludo de las cartas.
- Se escriben con ____ los sonidos ____.
- Los **determinantes** ____ son las palabras que acompañan al sustantivo para indicar qué distancia hay entre la persona que habla y el objeto al que se refiere.
- Los **determinantes demostrativos** tienen el mismo ____ y ____ que el sustantivo al que acompañan.
- En una ____ siempre aparecen estos datos: ____ y fecha, ____, lo que queremos contar, despedida y firma.
- Cada una de las líneas de una **poesía** se llama ____. Dos versos riman cuando sus últimas palabras terminan igual o parecido.

ACTIVIDADES PARA REVISAR TU ORTOGRAFÍA

1. *Rodea los dos puntos y clasifica las palabras marcadas. Después, copia el dictado en tu cuaderno.*

El lagarto estaba **asombradísimo**. Había visto cosas que le parecían **imposibles**: lagos **interminables**, cascadas enormes... ¡todo era maravilloso!

Por eso, llevó a sus amigos a conocer todos los lugares que había descubierto. Quedó con ellos a la **sombra** de un viejo **roble**. Les dijo que llevaran sus **impermeables** y un **sombrero** por si hacía mucho sol.

El lagarto **habló** con ellos y les advirtió que era un viaje duro, pero todos estuvieron de acuerdo en algo: ¡merecía la pena el esfuerzo!

Palabras con *br* · Palabras con *bl*

2. *Copia las oraciones en tu cuaderno cambiando los dibujos por palabras con br.*

- Álvaro tiene un  precioso.
- Luis y Ana se dieron un  enorme. ¡Hacía mucho que no se veían!
- La  es mi animal preferido.

RECUERDA LO ANTERIOR

1. Copia en tu cuaderno los diminutivos y los aumentativos que corresponden a estos sustantivos.

Diminutivos

sol
luna
libro
cama
pastel

Aumentativos

2. Copia y rodea los determinantes demostrativos de estas oraciones. Después, subraya los sustantivos a los que acompañan.

- Mi tío trabaja en este banco.
- Desde la cima de aquella montaña se ve un paisaje espectacular.
- A esos chicos los conocimos durante las vacaciones de verano.
- Este estuche y esa carpeta son de Raquel.

3. Escribe en tu cuaderno los nombres de estos dibujos.

4. Copia en tu cuaderno estos nombres escribiendo delante de cada uno el artículo que le corresponde.

árbol	vacaciones	mar
niños	leche	sal

5. Descubre qué sílaba falta en cada flor.

¿ra o rra?

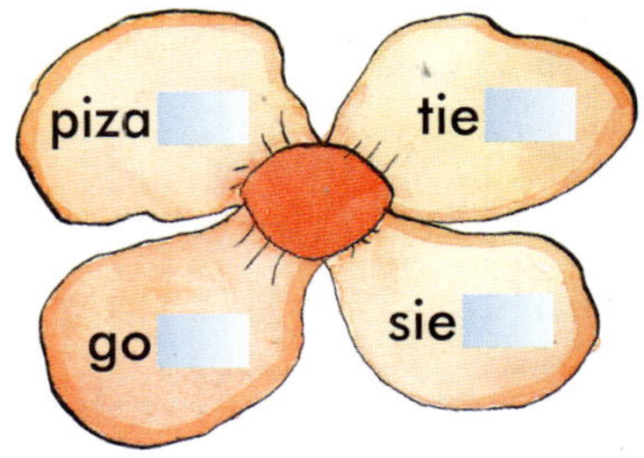

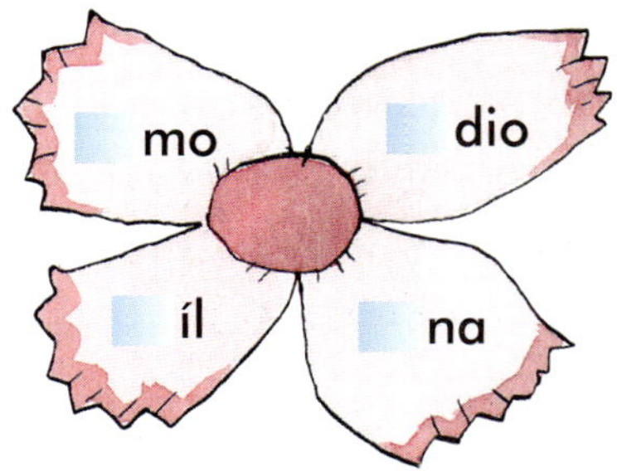

¿ge o je?

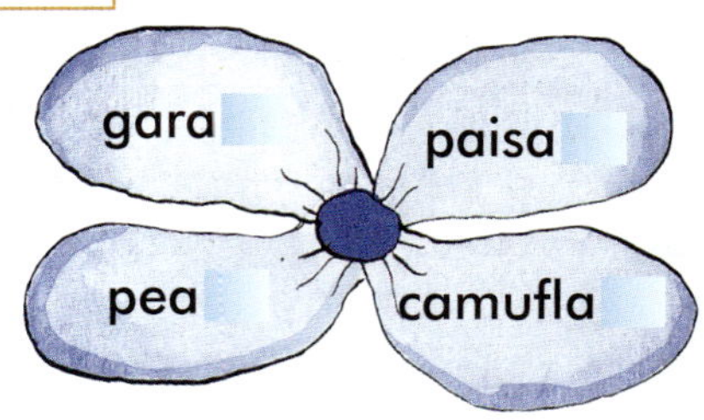

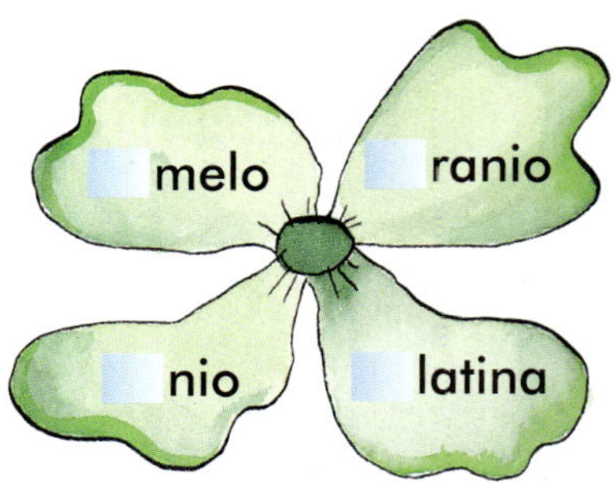

6. Copia en tu cuaderno las palabras polisémicas que hay en estas oraciones y explica su significado.

- El botón de la chaqueta se ha descosido.
- Para encender la radio tienes que apretar el botón rojo.
- La biblioteca está a una manzana de aquí.
- Hoy merendaré una manzana asada.

PON A PRUEBA TUS COMPETENCIAS

Tintas invisibles

Existen diversos métodos de obtener una tinta que no deje marca alguna sobre el papel, pero que se haga visible al recibir determinado tratamiento. La tinta invisible es ideal para enviar mensajes secretos.

RECETA NÚMERO 1

zumo de limón

un palillo

una plancha

INSTRUCCIONES

1. Escribe en un trozo de papel usando zumo de limón como tinta, y aplicándolo con un palillo.
   Deja secar el zumo.
2. Para leer el mensaje, plancha el papel con la plancha medio caliente. Es posible que el papel quede un poco ahumado, pero el mensaje aparecerá rápido.

RECETA NÚMERO 2

una cucharadita de almidón de maíz

una cazuela pequeña

una cuchara de madera

yodo

una esponja

INSTRUCCIONES

1. Mezcla el almidón de maíz con el agua.
2. Cuece la mezcla durante dos minutos, removiendo varias veces.
3. Deja enfriar, y después usa ese líquido para escribir tu mensaje en un papel.

J. E. KILBY, D. MORGENTHAL, T. TAYLOR
El libro del aprendiz de brujo. RBA

1. *¿Para qué sirve la tinta invisible?*

2. *¿Cómo se puede leer un mensaje escrito con zumo de limón?*

3. *En la receta número 2 falta el paso que sirve para revelar el mensaje. ¿Cuál de estos dos será?*
   - a) Para leer el mensaje, pasa por el papel la esponja mojada con agua y yodo.
   - b) Para leer el mensaje, enciende la luz negra y el mensaje aparecerá.

4. *Compara los dos textos y responde a las preguntas.*
   - ¿Qué receta necesita más ingredientes y utensilios? ¿Cuáles son más fáciles de conseguir?
   - ¿Qué receta necesita más tiempo de preparación?
   - ¿Cuál de las dos recetas aplicarías tú? Explica por qué.

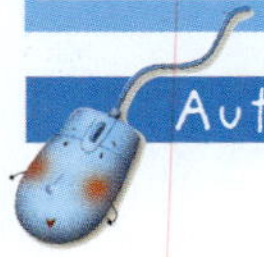

9 EL MUNDO A MIS PIES

Aunque no te muevas, siempre estás de viaje. La Tierra gira y tú, con ella. Y solo por moverte con la Tierra, ya eres un poco **Trotamundos**.

Pero ¿qué sucedería si la Tierra se olvidara de girar? ¿Y si la solución estuviera en tus manos? ¿O quizá en tus pies?

¿Quién escribe?

Fina Casalderrey

En una pequeña aldea de Galicia hay un colegio de cuento. El cuento o, mejor dicho, los cuentos, los pone Fina, que da clases allí. Aunque ha ganado premios muy importantes como escritora, ella sigue dando clases. ¿Será que le gusta estar con niños y niñas como tú?

Como una pelota multicolor

Hace muchísimos años ocurrió algo muy extraño: la Tierra se olvidó de girar y de caminar por el espacio. ¡Había perdido la memoria! En lugar de dar vueltas sobre sí misma y danzar alrededor del sol como había hecho siempre, se quedó inmóvil.

Eso provocó unos problemas tremendos. En una mitad del planeta se había instalado el día, mientras que en la otra mitad la noche no quería despedirse.

–¡Qué raro! ¡Jamás se hace de noche! –suspiraron las personas del lado en el que siempre lucía el sol.

–¿Qué ocurre, que nunca amanece? –se preguntaban las personas del lado oscuro.

Tanto los habitantes de la noche oscura y fría como los del día permanente y caluroso coincidían en un punto:

–¡Tenemos que encontrar urgentemente algún **remedio**!

–¡Yo sé lo que tenemos que hacer! –Lucero, una niña larguirucha y morena, que vivía en el lado de la luz, insistía en que ella sabía cómo arreglarlo–. ¡Esto es lo que hay que hacer! –aseguró mientras movía una pelota multicolor en sentido contrario a sus pasos.

remedio: solución.

Al principio, todo el mundo se burló de ella, aunque luego, como no se les ocurría nada, decidieron escucharla y, al fin, pudo explicar su **propuesta**:

–La Tierra se ha quedado dormida y hemos de despertarla. Necesitamos el **impulso** de todos los habitantes del planeta que estén fuertes para caminar –dijo solemne Lucero–. Si queréis que vuelva a moverse, tendréis que seguir mis instrucciones al pie de la letra.

Aquel día, veintiuno de marzo, todos los relojes de todos los lugares de la Tierra se pusieron en una misma hora, minuto y segundo. Era **imprescindible** que estuviesen **sincronizados** para conseguir ponerla de nuevo en movimiento. El sol debería besar todas las cumbres y valles, repartiendo su luz y su calor sin detenerse en un único lugar. A la hora prevista, todas las gentes que podían hacerlo salieron a la calle de su aldea, de su villa, de su ciudad... y todos a la vez comenzaron a andar hacia delante, de Oeste a Este, soplando con fuerza.

propuesta: idea.

impulso: fuerza que produce un movimiento.

imprescindible: necesario.

sincronizados: que marcasen la misma hora.

–No dejéis de caminar hasta que se mueva, por favor –gritaba con entusiasmo Lucero–. ¡Unid vuestras manos!

Mujeres y hombres, gigantes y enanos, niñas y niños, mineros y ministros, gentes diferentes... todos caminaban y soplaban siguiendo **rigurosamente** su consejo. Unos sudaban y sudaban mientras que otros sentían mucho frío, pero siguieron avanzando **sin demora**. Juntos.

De repente...

–¡Se mueve, se mueve!

–¡Es maravilloso!

Emocionados, notaron bajo sus pies cómo la Tierra se desplazaba en sentido opuesto a su caminar, del mismo modo que la pelota multicolor a la que había hecho rodar Lucero. Y la Tierra giró y giró sobre sí misma y danzó alrededor del sol sin parar hasta hoy.

rigurosamente: exactamente.

sin demora: sin pararse.

FINA CASALDERREY

Cuando la Tierra se olvidó de girar. Ediciones SM

COMPRENSIÓN LECTORA

1 Piensa y contesta.

- ¿Qué problema tenían los habitantes de la Tierra?
- ¿Qué consecuencias provocó este hecho?
- ¿Quién propuso una solución al problema?

2 Explica en tu cuaderno qué hacía Lucero cuando dijo esto.

3 Copia en orden en tu cuaderno las indicaciones que dio Lucero a los habitantes de la Tierra para que la Tierra volviese a girar.

- Poner todos los relojes a la misma hora.
- No dejar de caminar hasta que la Tierra se mueva.
- Comenzar a andar todos a la vez hacia delante, de Oeste a Este.
- Salir a la calle a la hora prevista.

4 Explica el significado de la expresión "*al pie de la letra*".

5 ¿Se te ocurre alguna otra solución para hacer girar a la Tierra? Escríbela en tu cuaderno e indica qué cosas y cuántas personas necesitarías para llevarla a cabo. Escribe dos razones por las que crees que es una buena idea y que funcionaría muy bien.

6 Lucero no habría podido conseguir ella sola que la Tierra volviese a girar. ¿Qué te parece la solución que propuso? ¿Crees que para que la Tierra funcione son importantes todas las personas que habitan en ella?

7 ¿Cómo prefieres hacer las cosas, solo o en equipo? Explica por qué.

Las palabras colectivas

Lee y fíjate en las palabras marcadas.

La palabra *constelación* es una **palabra colectiva**.

> Las **palabras colectivas** son palabras que se refieren a un grupo de personas, animales o cosas.

1 *Relaciona cada palabra con su dibujo.*

bosque	equipo	camada	orquesta	enjambre

Ⓐ

Ⓑ

Ⓒ

Ⓓ

Ⓔ

2 *Completa en tu cuaderno las siguientes oraciones con la palabra colectiva adecuada.*

- Con estos dos cromos ya he completado la ______
- La científica observa una ______ de leones.
- Mi prima toca la flauta en una ______ de música.
- Cerca de mi pueblo hay un ______ de árboles centenarios.
- En primavera llegan las ______ de golondrinas.

banda
colección
manada
bandadas
pinar

3 *Busca en el diccionario el significado de estas palabras colectivas y escribe una oración con cada una de ellas.*

flota   piara   muchedumbre   robledal

Palabras terminadas en *-illo* y en *-illa*

Lee lo que dicen estos personajes.

Se escriben con **ll** todas las palabras que terminan en **-illo**, **-illa**.

1 Observa y escribe una oración con el nombre de estos dibujos.

2 Copia y completa estas palabras con *-illo*, *-illa*.

estrib___ lazar___ azucar___ cap___
cuart___ banqu___ mes___ cart___
flequ___ bord___ buhard___ mej___

3 Completa en tu cuaderno las oraciones con las palabras del recuadro.

manzanilla **amarillo** **taquilla** **bombilla**

- Hay mucha gente en la ___ del cine.
- ¡Me encanta la ___ !
- La ___ de la lámpara está fundida.
- Envolvió el regalo con papel ___.

Los determinantes posesivos

Lee lo que dice Lucero y fíjate en las palabras marcadas.

Las palabras *mi*, *vuestras* y *su* son **determinantes posesivos**.

Los **determinantes posesivos** son las palabras que acompañan al sustantivo para indicar a quién pertenece algo: **mi**, **tu**, **su**, **nuestro**, **vuestro**...

Los determinantes posesivos tienen el mismo **género** y **número** que el sustantivo al que acompañan.

1 Escribe en tu cuaderno un sustantivo para cada determinante posesivo.

mi ___ su ___

vuestro ___ tus ___

nuestras ___ mis ___

2 Copia en tu cuaderno estos grupos de palabras y rodea los determinantes posesivos. Después, indica el género y el número de cada grupo.

- (tu) diccionario → *masculino singular*
- nuestra comida
- sus ovejas
- mi sombrero
- vuestras plantas
- tus muñecas
- nuestro coche
- su abrigo

Recuerda

Los **sustantivos** son las palabras que utilizamos para nombrar a las personas, los animales, las cosas y lugares.

3 Observa las viñetas y completa con los determinantes posesivos que corresponde en cada caso.

4 Copia estas oraciones y rodea los determinantes posesivos. Después, subraya los sustantivos a los que acompañan.

- Nuestra gata ha tenido cachorros.
- Coloca tus calcetines en el cajón, por favor.
- ¿Me enseñáis vuestros dibujos?
- Virginia ha escondido tus libros y mis juguetes.

5 Lee los bocadillos y completa en tu cuaderno con un determinante posesivo.

Este regalo es **de Ana y tuyo.**

Este es ___ *regalo.*

Allí están las pinturas **de Raquel.**

Allí están ___ *pinturas.*

El perro **de Noa** ladra mucho.

___ *perro ladra mucho.*

En esta casa vivimos **mi familia y yo.**

Esta es ___ *casa.*

6 Inventa un diálogo con un amigo o una amiga. Debes utilizar al menos cuatro posesivos.

Hacer una ficha

Lee esta ficha.

Título: Cuando la Tierra se olvidó de girar
Autor: Fina Casalderrey
Ilustrador: Óscar Villán
Editorial: Ediciones SM
Colección: El Barco de Vapor, Serie Azul
Número de páginas: 64
¿De qué trata?: Un día la Tierra se olvidó de girar. En medio planeta siempre era de día; en el otro, siempre de noche. Nadie daba con una solución. Pero a una niña se le ocurrió una idea.
Opinión personal: Me ha gustado mucho el libro porque es muy divertido cómo consiguen que la Tierra vuelva a girar.

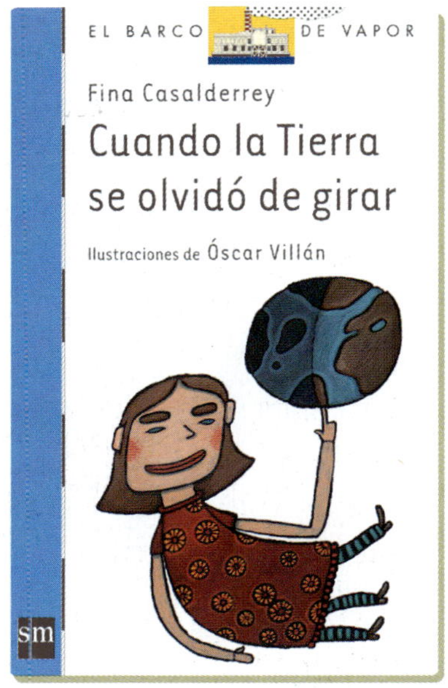

Hacer una ficha consiste en anotar la información más importante de una manera clara y ordenada.

1 *¿Cuál de estos apartados podrías incluir para ampliar la ficha anterior?*

- El nombre de los planetas.
- Otros libros del mismo autor.
- El nombre de los padres del autor.

2 *Ordena los datos y completa una ficha como esta en tu cuaderno.*

Nombre científico:
Hábitat:
Características:
Comportamiento:

- Solitario.
- Oso polar (*Ursus maritimus*)
- Vive en el medio polar y zonas heladas.
- Denso pelaje blanco.

3 *Haz una ficha del último libro que has leído. Recuerda que debes incluir estos datos.*

Título | Autor | Ilustrador
Editorial | ¿De qué trata? | Opinión

4 *Haz una ficha de tu película preferida.*

Las leyendas

Lee esta poesía basada en un personaje de leyenda. ¿Cuál es?

Rodrigo Díaz de Vivar,
llamado *Cid Campeador*;
no ha habido en este lugar
un caballero mejor.

Servía contento y fiel
a su rey, Alfonso VI,
que estaba orgulloso de él
porque era un hombre dispuesto.

Un día, por un engaño,
el rey lo echó de Castilla,
y en otoño de un mal año,
puso al caballo su silla,

y el *Cid*, con su manto rojo,
partió sin un solo arcón,
con lágrimas en los ojos
y pena en el corazón.

CARMEN GIL
El Cid Campeador. Ediciones SM

Las **leyendas** son historias **inventadas** que se cuentan como si fueran **reales**.

1 ¿Cuál es el nombre verdadero del personaje de la leyenda? ¿Por qué nombre se le conoce? ¿A qué rey servía?

2 ¿Dónde vivía el *Cid*? ¿Quería marcharse de allí o le obligaron a hacerlo?

3 Copia en tu cuaderno estas palabras y escribe al lado una palabra de la poesía que rime con cada una.

silla   Vivar   arcón   ojos   año

4 Lee este fragmento de una historia protagonizada por el caballero más importante de la Tabla Redonda. ¿Quién es?

El rey Arturo era un hombre muy ocupado, es de imaginar. No solo tenía que derrotar monstruos y rescatar princesas, como cualquier otro caballero que se preciase, sino que, además, tenía que organizar infinidad de campañas en contra de otros reyes. Y todo de puro famoso que era, para que no hubiera ni una sola persona en la Edad Media que dudara de que se trataba del más grande y glorioso monarca de todos los tiempos. Mantener una fama así no es nada fácil, de modo que Arturo tenía muchísimo que hacer.

GRACIELA MONTES
La hija del rey. Ediciones SM

EXPRESIÓN ORAL

Escuchar a los demás

Cuéntame

A todos nos gusta que nos presten atención cuando estamos hablando. Sin embargo, a veces olvidamos escuchar a los demás con interés. Si quieres que las personas que hablan contigo se sientan escuchadas, pon tus cinco sentidos en lo que te están contando. Procura mirarles mientras hablan y no hacer nada que pueda distraerte demasiado. Y, sobre todo, no les interrumpas, salvo si quieres hacer alguna pregunta para comprender mejor lo que te cuentan.

Observa estas viñetas.

Cuando escuchamos a otras personas es importante:

- **Mirarlas con atención.**
- **No interrumpirlas hasta que no terminen de contarnos lo que quieren, salvo para hacer alguna pregunta acerca de lo que cuentan.**
- **Procurar no hacer otra actividad al mismo tiempo.**

1 *Habla con tu compañero o compañera durante unos minutos sobre estos temas. No olvides que es importante escuchar y no interrumpir.*

- La última película que has visto.
- Qué te gusta hacer en tu tiempo libre.
- Tu deporte preferido.
- La música que te gusta.

en Resumen

Repasa la unidad y completa este resumen en tu cuaderno.

ficha | género | ll | número

reales | colectivas | posesivos | -illa | inventadas

- Las palabras ______ son palabras que se refieren a un grupo de personas, animales o cosas.
- Se escriben con ______ todas las palabras que terminan en **-illo**, ______
- Los **determinantes** ______ son las palabras que acompañan al sustantivo para indicar a quién pertenece algo: **mi**, **tu**, **su**, **nuestro**, **vuestro**...
- Los **determinantes posesivos** tienen el mismo ______ y ______ que el sustantivo al que acompañan.
- Hacer una ______ consiste en anotar la información más importante de una manera clara y ordenada.
- Las leyendas son historias ______ que se cuentan como si fueran ______

ACTIVIDADES PARA REVISAR TU ORTOGRAFÍA

1. *Lee el dictado y clasifica las palabras destacadas. Después, cópialo en tu cuaderno.*

Cuando la Tierra volvió a girar, todos le dieron las gracias a Lucero. "¡Es una **chiquilla** increíble!" "¡Ha hecho algo fantástico, qué **maravilla**!", repetían sus vecinos.

Para celebrarlo, decidieron hacer una fiesta. Adornaron las calles del barrio con **farolillos**, y prepararon **tortillas**, **rosquillas** y un **barquillo** enorme.

Sentaron a Lucero en una **silla** preciosa, adornada con papel de colores. ¡Fue una fiesta genial!

-illa | -illo

2. *Copia en tu cuaderno estas oraciones cambiando los dibujos por una palabra con -illo, -illa.*

- El pintor utiliza un 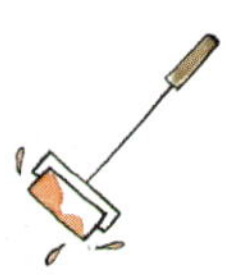 para pintar la pared.
- He desayunado unas tostadas con  y mermelada.
- El lobo tiene unos  enormes.

RECUERDA LO ANTERIOR

1. Escribe en tu cuaderno la palabra colectiva de estos grupos de animales.

A

B

C

D

2. Ordena estas palabras para formar oraciones que empiecen por un determinante posesivo.

habitación	dos	tiene
mi	camas	

están	vuestras	en
gorras	perchero	el

3. Sustituye los dibujos por palabras y completa estas oraciones en tu cuaderno.

- En la frutería he comprado:

  , plátanos y manzanas.
- Blanca y Sergio están

   por teléfono.
- Laura está saltando a la 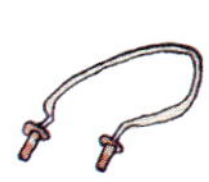.

4. Ordena la carta que escribe Lobito a sus padres y cópiala en tu cuaderno.

> Hoy es el día que más he andado en mi vida. Lo bueno ha sido que el terreno era llano, pero no había una sombra durante kilómetros y kilómetros.

> Queridos mamá y papá:

> Llanura del Secarral, día 9

> Besos de vuestro dispuestísimo para lo peor,
> Lobi

IAN WHYBROW
Lobito aprende a ser malo. Ediciones SM

5. Relaciona en tu cuaderno las palabras de cada columna y completa las oraciones.

este	estrellas	centenario
esos	roble	pequeños
aquellas	caramelos	brillantes

- ______ que se ven a lo lejos forman la Osa mayor.
- ______ de la segunda estantería no tienen azúcar.
- ______ de la fotografía está en mi pueblo.

PON A PRUEBA TUS COMPETENCIAS

¡Adivina el número!

He aquí cinco columnas (A, B, C, D, E) llenas de números. Pedid a un amigo que piense un número del 1 al 30 y que os diga en cuál de las cinco columnas está el número pensado. Si está en la A, B, C, D o E vosotros podéis decirle rápidamente el número pensado.

¿Cómo? Muy fácilmente.

EJEMPLO: Vuestro amigo os dice que el número que ha pensado aparece en las columnas B y D. Vosotros, rápidos como el rayo y listos como un zorro, le diréis que el número que había pensado es el 9. ¿Cómo se explica esto? He aquí la explicación. El número 9 pensado por vuestro amigo aparece en las columnas B y D. La suma de los dos primeros números en lo alto de las dos columnas B y D (1 y 8) da 9.

OTRO EJEMPLO: número pensado, 26. El número 26 aparece en las columnas A, C y D. La suma de los números puestos en lo alto de cada columna es (2 + 16 + 8) = 26.

WALT DISNEY

Manual de los jóvenes castores. Montena

A	B	C	D	E
2	1	16	8	4
27	5	24	9	23
14	17	28	30	20
15	11	17	10	7
18	9	30	27	12
10	21	21	14	15
22	3	18	26	6
7	29	22	28	30
19	19	23	13	5
26	7	19	11	21
23	15	26	29	14
6	5	27	24	22
3	23	25	12	13
11	13	20	15	29
30	27	29	25	28

1. ¿Cuántas personas se necesitan para practicar este truco? ¿Qué material se necesita?

2. ¿Qué dato deben ofrecernos para hacer el truco? A partir de este dato, ¿qué averiguaremos? ¿Cómo?

3. ¿Qué es más importante en esta tabla, las filas o las columnas?

4. ¿Qué números aparecen en la tabla?
   a) Todo tipo de números.
   b) Números del 1 al 30.
   c) Números del 5 al 26.

5. Comprueba si el truco funciona con los números 22, 3, 10 y 13.
   - ¿En qué columnas aparece cada uno de los números?
   - ¿Cuánto suman dichas columnas?

10 AZUL COMO EL MAR

Los **Trotamundos** saben que un paisaje nunca se conoce del todo. Cada vez que lo vuelven a mirar, pueden ver algo nuevo. Habrá nacido una flor, se verá distinto con la luz de la tarde, cambiará el color de una hoja, habrá una nube diferente...

También el mar tiene un color distinto cada vez que lo miras. Pero ¿y si perdiera su color? ¿Cómo podría recuperarlo?

¿Quién escribe?

Patricia Barbadillo

No hace falta haber nacido en la costa para escribir sobre el mar, ni vivir en un palacio para escribir sobre princesas. Así lo demuestra en este cuento Patricia, madrileña y sin parentesco, que se sepa, con ningún rey.

azul turquesa: azul muy parecido al verde.

¿Dónde está el color del mar?

Una mañana la noticia recorrió el Reino. El mar se había quedado sin color.

En lugar del **azul turquesa**, que cambiaba de intensidad a lo largo del día, ahora solo se veía el color amarillo de la arena o el gris de las rocas.

Los asustados peces nadaban nerviosos haciendo remolinos, creyendo que estaban en una pecera en lugar de nadar en el mar.

Los pulpos agitaban sus tentáculos soltando chorros de tinta, las merluzas abrían los ojos tratando de entender qué estaba ocurriendo, y los cangrejos corrían a enterrarse en la arena hasta que todo hubiese pasado.

Los ciudadanos del Reino se agolparon en la playa con la boca abierta.

–¿Qué habrá sucedido?

–Ya no podremos contemplar nuestro mar tan azul...

–¿Quién habrá robado el azul del mar?

El rey, muy preocupado, envió a buscar a los sabios.

–Quiero que hagáis todos los estudios y experimentos necesarios para que el mar vuelva a ser azul.

Y los sabios pasaron días y días en la orilla del mar, tomando muestras de agua y apuntando números larguísimos en sus cuadernos. Pero no consiguieron devolver su color al mar.

Los peces, poco a poco, se fueron de aquel mar tan raro, buscando otros mares y otros océanos azules y, con su marcha, los pescadores no pudieron sacar sus barcas de pesca, que se amontonaban inmóviles en la orilla.

Un día, uno de aquellos sabios creyó tener la solución.

–No hay más remedio, majestad. Tenéis que entregar vuestra hija al mar. Su sangre azul devolverá el color a nuestro mar.

–¡Qué barbaridad! ¿Cómo voy a hacer tal cosa? –exclamó el rey–. Mandaré **emisarios** fuera de nuestro Reino para que encuentren a quien pueda ayudarnos, pero no sacrificaré a mi hija.

Una mañana llegó a la playa un joven de aspecto **extravagante**. El pelo larguísimo y la abundante barba solo dejaban ver unos ojos muy azules. Cuando se acercó a la orilla, todos le abrieron paso, asombrados por el brillo de su mirada.

emisarios: mensajeros.

extravagante: raro y fuera de lo común.

El joven viajero se quedó de pie frente al mar, mirando intensamente el oleaje. Transcurrieron los días y así continuó. Daba igual que fuera de noche o de día. Sin atender a las preguntas que le hacían, él seguía mirando el mar sin hablar, sin moverse, sin hacer el menor gesto.

Y, poco a poco, el mar fue recuperando su color. Un azul muy pálido al principio, luego más parecido al azul del cielo y, por fin, del color de la **turquesa**.

Los peces volvieron al mar en el que siempre habían nadado, los ciudadanos **aclamaron** al joven, el rey le ofreció los más maravillosos regalos, y la princesa se enamoró inmediatamente de él.

–¿Cómo pudiste devolver su color al mar? –le preguntó el rey.

–Tanto tiempo lo miré, con tanto **empeño**, y tan grande era mi deseo de salvar la vida de la princesa que, al final, las aguas pudieron atrapar en mis ojos el color azul que se les había escapado.

–¡Qué insistencia! ¡Qué voluntad!

–Tan solo un poderoso deseo –contestó el joven–. Y, por cierto, despedid al sabio que quiso entregar la princesa al mar. La sangre de ella es tan roja como la vuestra o la mía.

Y ya siempre conservó aquel mar su color azul turquesa. Tan famoso se hizo que todavía hoy la gente viaja desde lugares muy lejanos para bañarse en sus aguas, sintiendo cómo el azul lo envuelve todo.

turquesa: piedra preciosa de color azul verdoso.

aclamaron: felicitaron con aplausos.

empeño: esfuerzo.

Patricia Barbadillo
El día que el mar se quedó sin color.
Tomado de *Cuentos azules*. Ediciones SM

COMPRENSIÓN LECTORA

1 Piensa y contesta.

- ¿Qué problema tenían los ciudadanos del Reino?
- ¿A quién pidió ayuda el rey al principio?
- ¿Qué decidió hacer después?
- ¿Por qué crees que tomó esa decisión?

2 ¿Quién solucionó al final el problema? Describe cómo era físicamente.

3 Explica cómo consiguió el joven que el mar recuperara su color azul turquesa.

4 Relaciona en tu cuaderno cada personaje con lo que dijo.

5 ¿Qué quiere decir la expresión *"no hay más remedio"*?

- Es totalmente necesario.
- No hay solución.
- Hay que poner un remiendo.

6 El joven consiguió devolver el azul al mar porque lo deseaba mucho. ¿En qué actividades pones tú todo tu esfuerzo? Explica por qué lo haces.

Las familias de palabras

Lee y fíjate en las palabras destacadas.

El joven que miraba el **mar** era un **marinero** que conocía los secretos de la **marea**.

Las palabras *mar*, *marinero* y *marea* pertenecen a la misma **familia de palabras**.

> Todas las palabras que tienen una parte común forman una **familia de palabras**.

1 *Clasifica estas palabras según la familia a la que pertenecen.*

caminante	estudiante	caminata
estudio	caminar	aguacero
aguarrás	aguado	estudioso

Familia de *agua*	Familia de *camino*	Familia de *estudiar*

2 *Copia en tu cuaderno y tacha la palabra de cada fila que no pertenece a la misma familia que las demás.*

caserío	quesera	casero	caserón
libro	libreta	libertad	librería
campo	camaleón	campesino	campestre

3 *Busca estas palabras en el diccionario y escribe en tu cuaderno otras de su misma familia.*

diente leer fuerte tierra

ORTOGRAFÍA

Za, zo, zu, ce, ci
Ca, co, cu, que, qui

Observa cómo se escriben estas palabras.

balanza

erizo

azúcar

cebolla

triciclo

camión

abanico

cubo

paquete

equipaje

El sonido **z** se escribe así:

- Se escribe *z* delante de *a*, *o*, *u*: **za**, **zo**, **zu**.
- Se escribe *c* delante de *e*, *i*: **ce**, **ci**.

El sonido **k** se escribe así:

- Se escribe *c* delante de *a*, *o*, *u*: **ca**, **co**, **cu**.
- Se escribe *qu* delante de *e*, *i*: **que**, **qui**.

1 Completa en tu cuaderno con *c* o *z*.

la__o	pla__a	a__ero	ta__a
fá__il	a__eite	almuer__o	an__iano
an__uelo	anun__io	aterri__aje	do__ena
bu__ón	a__ulejo	deli__ioso	dul__ura

2 Sustituye los dibujos por palabras y completa estas oraciones en tu cuaderno.

- Estos  saben a .
- La  es de madera.
- He guardado las  dentro de la 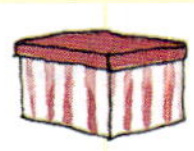.

Los pronombres personales

Lee el diálogo entre el viajero y el rey y fíjate en las palabras destacadas.

Las palabras *tú*, *nosotros*, *yo* y *ella* son **pronombres personales**.

> Los **pronombres personales** son las palabras que sirven para nombrar a una persona o a un animal, sin decir su nombre.

1 *Relaciona y escribe en tu cuaderno las oraciones que has formado.*

• Yo…	…juegas en el jardín.
• Tú…	…cantamos en el festival.
• Ella…	…montáis en bicicleta.
• Nosotras…	…iré de vacaciones a la montaña.
• Vosotros…	…vendrán mañana.
• Ellas…	…bailó una jota.

2 *Completa en tu cuaderno un cuadro como este con los pronombres personales.*

Singular	Yo,
Plural	Nosotros,

3 *Sustituye las palabras destacadas por el pronombre personal adecuado.*

- **Pedro** pasea por la orilla del mar.
- **Elena y tú** sois vecinos.
- **Mi primo** estudia en la universidad.
- **La hija del rey** es una bella princesa.
- **Guadalupe y yo** compusimos una canción.

4 *Copia y completa estas oraciones con los pronombres personales que faltan.*

- ¿Sabes ___ dónde se guardan las servilletas?
- ___ no vamos a la fiesta porque estamos enfermos.
- ¿Seguro que ___ llegó tarde a casa?
- Me alegro de que ___ podáis venir a la piscina.
- ___ ya tengo ganas de merendar, ¿y tú?

5 *Sustituye los pronombres que aparecen en estas oraciones por las palabras del recuadro.*

- **Él** sabe tocar el acordeón.
- **Nosotras** jugamos en la habitación.
- **Ellas** vuelan sobre las rocas.
- **Vosotros** siempre estáis de broma.

Las gaviotas
Mario y tú
Jaime
Lucía y yo

6 *Completa en tu cuaderno este diálogo con pronombres personales.*

Escribir el final de un cuento

Lee este cuento.

La bruja Amelia esperaba con impaciencia la llegada de sus dos mejores amigas: la bruja Amalia y la bruja Emilia.

–Ha ocurrido algo grave –les dijo–. El pequeño lago Azul se ha vuelto gris.

Las tres brujas utilizaron todas las fórmulas que conocían y elaboraron pociones mágicas increíbles. Una a una, fueron echando aquellas pociones en el pequeño lago Azul, pero nada consiguieron.

Al cabo de varios días se dieron por vencidas. Estaban en una barca en el centro del lago. Desmoralizadas, se disponían a volver a la orilla. Emilia se puso a cantar. Su canto animó a sus amigas, al poco rato, las tres cantaban una canción.

Y entonces se produjo la magia. Cuando llegaron a la orilla, el pequeño lago Azul estaba más radiante que nunca. Su color competía con el cielo limpio de la tarde.

ALFREDO GÓMEZ CERDÁ
El pequeño lago Azul.
Tomado de *Cuentos azules*. Ediciones SM

Para **escribir el final de un cuento** debemos explicar cómo se resuelve el problema que tienen los protagonistas.

1 Rellena esta ficha sobre el cuento anterior.

¿**DÓNDE** SUCEDE LA HISTORIA?	
¿QUIÉNES SON LOS **PROTAGONISTAS**?	
¿QUÉ **PROBLEMA** TIENEN?	
¿**QUÉ HACEN** PARA INTENTAR SOLUCIONAR EL PROBLEMA?	
¿CÓMO SE SOLUCIONA **AL FINAL** EL PROBLEMA?	

2 Elige un título para el cuento.

- Tres brujas en un aeropuerto
- Una canción con magia
- El monstruo del lago Azul

El teatro: los personajes

Representa junto a tus compañeros este fragmento de El libro loco del Quijote.

Don Quijote y el caballo volador

DON QUIJOTE DE LA MANCHA, SANCHO PANZA, LA CONDESA TRIFALDI, PRIMERA DUEÑA, SEGUNDA DUEÑA

(En escena, don Quijote de la Mancha y su escudero Sancho Panza. De repente, ruido de trompetas. Por un lateral, entran la condesa Trifaldi y dos dueñas.)

CONDESA: Me gustaría saber si está entre los presentes el famosísimo caballero don Quijote de la Mancha y su escuderísimo Sancho Panza.

SANCHO: El Panza, aquí está. Y el don Quijotísimo aquí mismo. Y así podréis, dueñísima, decir lo que quisieridísimis; que todos estamos dispuestísimos a ser vuestros servidorísimos.

DON QUIJOTE: Calla, tontitísimo. *(A la condesa.)* Si anda buscando el auxilio de un caballero andante, no busque en otro lado. Yo soy don Quijote de la Mancha, cuyo oficio es ayudar a todos los necesitados.

JOSÉ OVEJERO
El libro loco del Quijote. Ediciones SM

Las obras de **teatro** comienzan con la lista de **personajes** que aparecerán a lo largo de la obra. Distintos actores y actrices interpretan a los personajes.

1 ¿Cuántos actores aparecen sobre el escenario? ¿Cuáles aparecen pero no hablan?

2 Lee este fragmento y haz una lista con los nombres de los personajes. Escríbelos en mayúsculas.

ESPÍA: ¿Supertío? Soy AM-XZ-25. He sabido de sus superpoderes y vengo a contratarlo. Se trata de averiguar ciertos asuntos de un país enemigo, en el que se dice de usted que es el Supernatillas.

SUPERTÍO: Les demostraré quién soy. ¿Ve esa máquina? Con ella averiguaremos lo que desee. Zambombo, conecta la máquina.

ZAMBOMBO: A la orden, Supernatillas.

FERNANDO ALMENA
El mandamás más más... y sus máquinas pitipitroncas. Escuela Española

EXPRESIÓN ORAL

Respetar el turno de palabra

Te toca

Cuando hablamos en grupo, nos cuesta no intervenir siempre que nos apetece. Nos da la impresión de que es el momento oportuno para decir lo que pensamos. Sin embargo, debemos indicar con la mano que queremos intervenir y hablar cuando nos toque. Si lo que decimos es interesante para la conversación, cualquier momento será adecuado para expresarlo. Así dejaremos que todo el mundo tenga la oportunidad de participar.

Observa estas viñetas.

Para **respetar el turno de palabra** es importante:

- Levantar la mano pidiendo turno para hablar.
- Esperar a que nos indiquen que podemos intervenir.

1 Comenta con tus compañeros qué te sugiere cada una de estas fotografías. Recuerda respetar el turno de palabra.

en Resumen

Repasa la unidad y completa este resumen en tu cuaderno.

za, zo, zu · el problema · ce, ci · familia de palabras · pronombres personales · personajes · ca, co, cu · que, qui

- Todas las palabras que tienen una parte común forman una ______
- El sonido **z** se escribe ______ y ______
- El sonido **k** se escribe ______ y ______
- Los ______ son las palabras que sirven para nombrar a una persona o a un animal, sin decir su nombre.
- Para escribir el final de un cuento debemos explicar cómo se resuelve ______ que tienen los protagonistas.
- Las obras de **teatro** comienzan con la lista de ______ que aparecerán a lo largo de la obra.

Actividades para revisar tu ortografía

1. *Lee el dictado y clasifica las palabras marcadas. Después, cópialo en tu cuaderno.*

Los **peces** no podían creer que el mar volviera a ser **azul** de nuevo. Estaban tan **agradecidos** al joven que **querían** hacerle un regalo. Pensaron en regalarle unas **zapatillas** hechas con algas, porque según **Quino**, el pez martillo, un viajante necesita sin duda unos buenos zapatos. El **caballito** de mar propuso regalarle una **capa** de **coral**. Al final, decidieron meter en un **cofre** todos los colores del fondo del mar: el color de las algas, el de los peces, el de las espuma de las olas...

za, zo, zu	ce, ci	ca, co, cu	que, qui

2. *Completa estas oraciones con las palabras adecuadas.*

- En el frutero había ______, ______ y ______.
- El ______ nadaba en el lago.
- Me senté en un ______ del parque.
- Compré el ______ en el ______.

RECUERDA LO ANTERIOR

1. *Indica a qué familia pertenecen las siguientes palabras.*

barca	juventud	rejuvenecer
juvenil	reina	embarcar
reinado	barquero	reino

barco **rey** **joven**

2. *Copia estas oraciones y rodea los pronombres personales que aparecen en ellas.*

- Nosotros vamos a tomar chocolate, ¿y vosotros?
- Yo voy a comprar el pan todos los domingos.
- Tú tienes unos padres muy simpáticos.
- A ellas les encanta caminar por el campo.

3. *Escribe en tu cuaderno un final para este cuento.*

Había una vez una niña llamada Marucha. Vivía en un ático de la ciudad de Pekín y todos los días iba a la escuela en su bicicleta mecánica.

Pero un día, justo cuando iba a salir, recibió una llamada telefónica. Unos duendes traviesos estaban dando vueltas por la ciudad en su bicicleta.

4. *Sustituye cada grupo de palabras destacado por la palabra colectiva adecuada.*

equipo **rebaño** **banda** **pinar**

- El domingo estuvimos paseando por un **lugar con muchos pinos**.
- ¿Sabes qué **grupo de músicos** tocará en la fiesta?
- Desde mi habitación oigo los cencerros de un **conjunto** de cabras.
- El **grupo de jugadores** de 3.° ganó el campeonato de baloncesto.

5. *Escribe el nombre de estos números.*

6. *Observa el dibujo y escribe en tu cuaderno el determinante demostrativo que corresponde en cada caso.*

PON A PRUEBA TUS COMPETENCIAS

Actividades extraescolares

La Asociación de Madres y Padres de Alumnos ha preparado para este nuevo curso una serie de actividades extraescolares con la intención de que los alumnos puedan hacer todas aquellas que respondan a sus aficiones. A continuación, incluimos una tabla con el horario de las actividades.

ACTIVIDAD	CURSO	HORARIO	DÍAS	CUOTA
Ajedrez	5.° – 6.°	12 – 13 h	Lunes	7 €
Cerámica	1.° – 5.°	12 – 14 h	Miércoles	7 €
Coro	3.° – 6.°	12 – 13 h	Viernes	5 €
Francés	3.° – 6.°	12 – 14 h	Martes y jueves	14 €
Pintura	1.° – 4.°	12 – 13 h	Martes y jueves	14 €
Informática	1.° – 6.°	12 – 14 h	Lunes y miércoles	14 €
Patinaje	1.° – 6.°	12 – 14 h	Lunes y miércoles	14 €
Tenis de mesa	1.° – 6.°	12 – 13 h	Lunes y miércoles	14 €
Baloncesto	5.° – 6.°	17 – 18 h	Martes y jueves	14 €
Gimnasia	1.° – 6.°	17 – 18:30 h	Miércoles	8 €
Teatro	1.° – 6.°	17 – 18 h	Lunes y viernes	14 €
Judo	1.° – 6.°	17 – 18 h	Lunes	8 €
Natación	1.° – 2.°	17 – 17:45 h	Martes	20 €
Guitarra	3.° – 4.°	17 – 18 h	Miércoles	7 €

1. ¿Quién ha preparado las actividades extraescolares?

2. ¿Qué significa la palabra "cuota"? Responde sin consultar el diccionario. Después, comprueba en el diccionario si estabas en lo cierto.

3. ¿Por qué hay una doble línea entre la novena y la décima fila?

4. Fíjate en la tabla y responde a las preguntas.
   - Alba está en 4°. y quiere apuntarse a pintura y a natación. ¿Puede? ¿Por qué?
   - Aitor está en 2.° ¿Puede apuntarse a tenis de mesa y a teatro? ¿Por qué?
   - Nuria y Álex son hermanos. Nuria va a patinaje y Álex a francés. ¿Cuánto pagarán sus padres por las actividades extraescolares de los dos?
   - Félix se ha apuntado a cerámica y a baloncesto. ¿Qué curso estudia? ¿Qué días estará ocupado con actividades extraescolares?
   - Escoge tres actividades que te gustaría hacer. Comprueba si sería posible hacerlas todas.

Autoevaluación de la unidad 10

JUEGOS DE LENGUAJE

1 Lee la viñeta y explica por qué no se entienden el periodista y el médico.

2 Descifra el mensaje sustituyendo cada letra por la que va antes en el abecedario.

lbz rvf qspufhfs b mpt bñjnbmft tbmwbkft.

3 Resuelve estas adivinanzas y señala los diminutivos que aparecen en ellas.

Un arito, ito,
muy pequeñito
que se lleva
en el dedito.

¿Cuál es el palito
muy derechito
que encima lleva
un buen puntito?

4 Une cada sustantivo con el adjetivo adecuado, como en el ejemplo. Fíjate en que la última sílaba del sustantivo y la primera sílaba del adjetivo deben ser iguales.

si(lla) → (lla)mativa

SUSTANTIVOS	ADJETIVOS
foca elefante marquesa cartulina jirafa	naranja sabia caprichosa temeroso fatigada

5 Si sustituyes la primera letra de estas palabras por *c*, *z* o *qu*, ¿qué palabras nuevas descubrirás?

nieto peso viruela turrón

6 Resuelve en tu cuaderno este crucigrama.

Parte de la cara que está encima de los ojos	C	E					
Última comida del día	C	E					
Animal con rayas	C	E					
Fruta	C	E					
Planta que cuando se corta hace llorar	C	E					

PARA TROTAMUNDOS

7 Completa con *r* y aprende estos trabalenguas.

T_es t_istes tig_es
comían t_igo en un t_igal.

Tan ca_o es ese ca__o
Que po_ ca_o no comp_o
el ca__o.

8 Para llegar al planeta, este astronauta tiene que seguir el camino de los determinantes posesivos. ¿Cuál es?

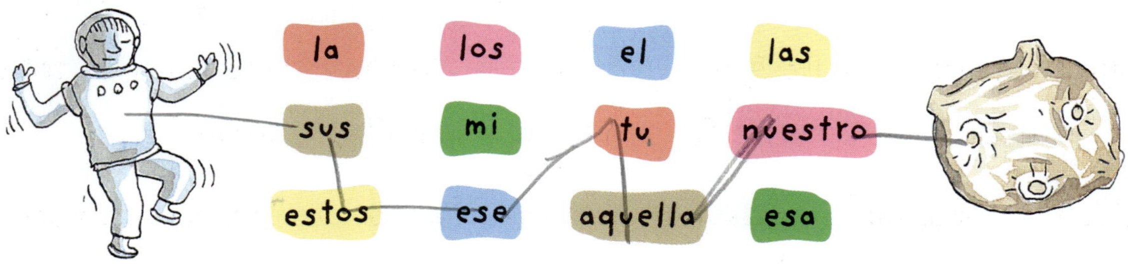

9 ¿Qué sílaba se esconde en cada girasol?

10 Sustituye los dibujos por palabras y recita esta poesía.

¡Qué blanca lleva la
la niña que se va al mar
¡Ay niña, no te la manche
la tinta del !

¡Qué blancas tus manos, niña,
que te vas sin suspirar!
¡Ay niña, no te las manche
la tinta del !

¡Qué blanco tu
y qué blanco tu mirar!
¡Ay niña, no te los manche
la tinta del !

RAFAEL ALBERTI

11 PAISAJES DIFERENTES

Las nubes son **Trotamundos** que viajan de aquí para allá. Tan pronto las ves tú como un trotamundos australiano. Y los dos podéis jugar a descubrir en ellas formas diferentes: barcos, sombreros, dragones...

Pero ¿y si además de cambiar de forma, las nubes cambiaran de color? ¿Te imaginas una nube verde o una nube de lunares?

¿Quién escribe?

Jordi Sierra i Fabra

De pequeño, Jordi tartamudeaba y le costaba que le entendieran. Así que pensó que la mejor manera de comunicarse sería escribiendo. Y eso es lo que empezó a hacer con ocho años, y desde entonces no ha parado.

La fábrica de nubes

Pampelum era un país sin mar, pequeñito y perdido en el interior de un gran continente. Pampelum no solo era el nombre del país, sino también de su única ciudad y capital. Era un país tan y tan pequeño que tampoco tenía nubes. Pero, al mismo tiempo, un país tan y tan especial, que sus propios habitantes se fabricaban lo que les faltaba.

Por ejemplo... las nubes.

El puesto más importante de la fábrica de nubes era el de Plub, el pintor de nubes.

¿Por qué era tan importante el pintado de las nubes? Pues por lo más elemental: era algo así como su tarjeta de identidad, lo que daba a cada nube una razón de ser. ¿Alguien saca un paraguas si ve nubes blancas? Cada nube tenía su pintura, de blanco a negro, pasando por toda la gama de los grises.

Aquel día Plub no podía imaginarse ni de lejos lo que se le venía encima. El primer pedido era para el granjero, el señor Zumba. Quería una buena nube blanca, para que tapase el sol durante el día. Plub cogió el **vaporizador** de pintura blanca y comenzó a pintar. De repente, por el vaporizador dejó de salir pintura. Plub se quedó blanco. ¡No quedaba ni una gota de pintura! Tenía un problema. Un grave problema. La fábrica de nubes nunca había dejado de servir un pedido. ¿Qué podía hacer?

vaporizador: utensilio que permite echar un líquido en gotas muy pequeñas.

Se acercó a la ventana más próxima. Contempló las obras de ampliación de la fábrica. La fábrica iba a quedar muy bonita, pintada de verde, rojo, azul, amarillo...

A Plub se le detuvo el corazón en seco. Pintura. Allá abajo había pintura. No precisamente blanca y negra, pero era pintura al fin y al cabo. Y si...

–No, no, ¿qué estás diciendo? –murmuró para sí mismo–. ¿Cómo vas a pintar las nubes de...?

Sí, sí, la idea iba creciendo en su mente. Lo importante era pintar las nubes. Lo de menos era que las pintase de colores.

Menos de diez minutos después, con la pintura de colores sustituyendo los vacíos depósitos de blanco y negro, y los vaporizadores limpios y dispuestos, Plub se enfrentó a su gran **reto**.

La primera nube que salió por la chimenea de la fábrica, la destinada al señor Zumba, el granjero, tenía un hermosísimo, sano y refrescante color verde prado. Era una gozada. Plub se acercó a la ventana para verla flotar en el cielo. Destacaba mucho, muchísimo.

reto: objetivo difícil de realizar.

Volvió a su puesto y la segunda nube asomó por la boca de la **máquina de condensación**. Se trataba de un encargo hecho por el director del parque de Pampelum: una nube de algodón que cambiara de forma para que los niños pudieran adivinar de qué se trataba. La pintó de varios colores. ¡Ah, los chicos y chicas del parque lo iban a pasar en grande!

La tercera nube lucía un vistoso color berenjena.

La cuarta, un discreto amarillo limón.

Aquel día Plub no descansó un solo instante, lo pasó entero trabajando y disfrutando como jamás lo había hecho antes. Pintó y pintó sin cesar, y cuando la última nube del día pasó por su mente, hizo la máxima **floritura**. ¡La pintó de lunares!

Luego miró la boca vacía de la máquina de condensación. Lamentó tener que parar.

Plub se quitó la bata, que ese día parecía un arco iris multicolor. Se dirigió a su casa con la mente llena de colores, igual que una paleta de pintor. Él, que prácticamente había pensado siempre en blanco y negro, pasando por toda la escala de los grises, descubría ahora que el mundo estaba lleno de colores. Las casas, los coches, los objetos, la ropa, la hierba, los árboles, las montañas, el atardecer...

¡Qué maravilloso era todo!

Jordi Sierra i Fabra
La fábrica de nubes. Ediciones SM

máquina de condensación: máquina que convierte un cuerpo gaseoso en estado líquido.

floritura: adorno no necesario.

COMPRENSIÓN LECTORA

1 Piensa y contesta.

- ¿Dónde sucede la historia?
- ¿Qué tiene de especial ese país?
- ¿Cómo se llama el protagonista? ¿Cuál es su oficio?
- ¿Por qué es tan importante el pintado de las nubes?

2 Explica cómo era la nube que había pedido el señor Zumba.

3 ¿Con qué problema se encontró Plub cuando estaba pintando?

4 ¿Qué idea se le ocurrió para solucionar el problema? Elige la opción correcta.

- Dejar las nubes de color transparente.
- Cerrar la fábrica de nubes.
- Utilizar pintura de colores.

5 Ordena las nubes en tu cuaderno según el orden en el que fueron saliendo por la chimenea de la fábrica.

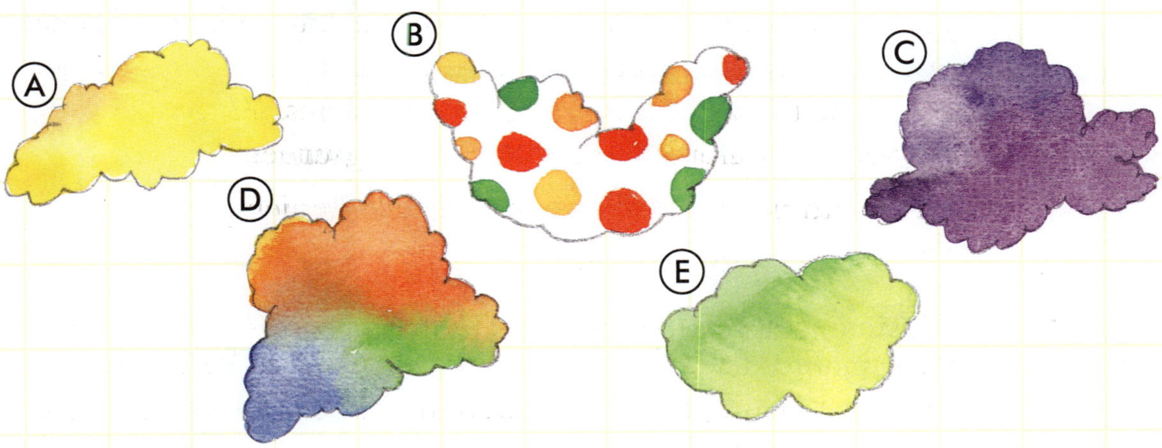

6 Elige el significado correcto de la expresión "Plub no podía imaginarse *lo que se le venía encima*".

- Plub no veía la nube que se le iba a caer encima.
- Plub no estaba preparado para lo que iba a ocurrir.
- Plub no sabía lo que tenía encima de la cabeza.

7 Al final, Plub descubre que el mundo está lleno de colores. ¿Qué crees que es mejor: que todos seamos iguales o que seamos diferentes? Explica por qué.

8 Plub disfruta mucho pintando nubes, sin descansar ni un solo instante. ¿Qué cosas te gusta hacer a ti, con las que disfrutas mucho? Explica por qué.

Los prefijos *in-* y *des-*

Lee y fíjate en las palabras destacadas.

- Ahora Plub es **capaz** de ver todos los colores, pero antes era **incapaz**.

- Un día **aparecieron** nubes de colores y **desaparecieron** las nubes grises.

La palabra *incapaz* significa lo contrario de *capaz*.

La palabra *desaparecieron* significa lo contrario de *aparecieron*.

Los prefijos *in-* y *des-* se utilizan para formar palabras de significado contrario.

1 Forma el contrario de estas palabras añadiendo delante el prefijo *des-*.

atornillar	hacer	abrochar	enchufar
obedecer	afinar	atar	inflar

2 Añade el prefijo *in-* a estas palabras y relaciona cada palabra que has formado con su significado.

in-

- necesario
- quieto
- ofensivo
- correcto

- **No puede dejar de moverse.**
- **No está bien.**
- **No hace falta.**
- **No produce daño.**

3 Completa en tu cuaderno estas oraciones con la palabra adecuada.

- Jaime siempre guarda las cosas en su sitio. Es un chico muy ______ (*ordenado / desordenado*).
- Cuando salí a la calle, el viento me ______ (*peinó / despeinó*).
- Me gusta sentarme en el sofá nuevo, porque es muy ______ (*cómodo / incómodo*).
- Las estrellas del cielo son ______ (*contables / incontables*).

ORTOGRAFÍA

Ga, go, gu, gue, gui, güe, güi

Observa cómo se escriben estas palabras.

regadera

gorra

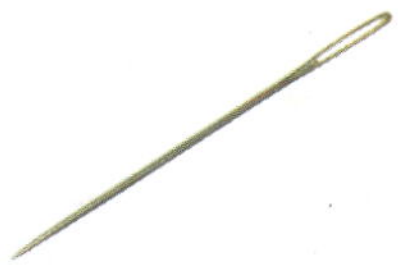

aguja

juguete

águila

paragüero

pingüino

Se escribe *g* delante de *a*, *o*, *u*: **ga**, **go**, **gu**.
Se escribe *gu* delante de *e*, *i* (la *u* no suena): **gue**, **gui**.
Se escribe *gü* delante de *e*, *i* (la *u* sí suena): **güe**, **güi**.
Los dos puntos que se escriben sobre la **ü** se llaman **diéresis**.

1 *Clasifica estas palabras.*

ombligo	guinda	vergüenza	piragüismo	canguro	higuera	gol
lingüista	aguijón	pedigüeño	gabardina	merengue	acelga	aguja

GA ___ GO ___ GU ___ GUE ___ GUI ___ GÜE ___ GÜI ___

2 *Relaciona en tu cuaderno las palabras de la misma familia.*

cigüeña	desagüe
piragua	cigoñino
agua	piragüista

antiguo	paragüero
lengua	antigüedad
paraguas	lengüeta

3 *Completa con g, gu o gü y escribe en tu cuaderno estas oraciones.*

- ___ustavo le ha hecho un re___alo a su ami___o Mi___el.
- La man___era tiene un a___ujero en la ___oma.
- Me ___ustan los ___arbanzos ___isados con verdura.
- El pin___ino nada en a___uas muy frías.

El verbo: el infinitivo

Observa las viñetas y lee.

pintar

ver

salir

Las palabras *pintar*, *ver* y *salir* son verbos.

Los **verbos** son las palabras que indican **acciones**.
El **infinitivo** es el nombre de los verbos. Los infinitivos pueden terminar en **-ar**, **-er** o **-ir**.

1 Indica qué acciones realizan estos niños.

A

B

C

2 Copia y relaciona cada acción con el animal que la realiza.

rebuznar	ratón
mugir	burro
barritar	león
aullar	vaca
rugir	lobo
roer	elefante

3 *Clasifica estos infinitivos, según cómo terminan, en -ar, -er o -ir.*

crecer	subir	cantar
bailar	patinar	partir
escribir	correr	hacer

-ar　　-er　　-ir

4 *Relaciona estas formas verbales con su infinitivo. Después, busca en el diccionario el significado de cada verbo y escríbelo en tu cuaderno.*

chapoteamos
adormecerá
crujieron
chapoteabais
adormeció
crujían

adormecer

chapotear

crujir

Recuerda

En el **diccionario** los verbos aparecen en **infinitivo**.

5 *Copia estas oraciones en tu cuaderno y rodea los verbos. Después escribe el infinitivo de cada forma verbal.*

- Marta fabrica cometas con papel de colores.
- La araña teje su telaraña con un hilo muy fino.
- Mi amigo Rubén y yo vamos al colegio en autobús.

6 *Completa estas oraciones con la forma verbal adecuada.*

- Esta deportista  en la carrera del próximo domingo.
- Los marineros  con fuerza para llegar a la orilla.
- Unos alpinistas  esta montaña en 2002.
- El jugador  para encestar el balón.

7 *Observa estos lugares y escribe en tu cuaderno las tres acciones que más te gusta realizar en cada uno de ellos y las tres que menos te gusta.*

Escribir una noticia

Lee esta noticia del periódico de Pampelum.

Diario de Pampelum Sábado, 23 de abril

Desfile de nubes de colores

Ayer por la tarde, los habitantes de Pampelum no podían dejar de mirar al cielo.

Montones de nubes de colores empezaron a salir de la fábrica de nubes. Las había para todos los gustos: verdes, rojas, amarillas, de topos, del color del arco iris...

Plub, el pintor de nubes, declaró que estaba encantado con sus nubes y que seguirá pintando y diseñando nuevos modelos para alegrar el cielo de la ciudad de Pampelum.

Para **escribir una noticia** debemos explicar **qué** ha ocurrido, **a quién** le ha pasado, **cuándo** ha sucedido y **dónde** ha tenido lugar.
Los títulos de las noticias se llaman **titulares**.

1 Rellena en tu cuaderno una ficha como esta con los datos más importantes de la noticia.

¿QUÉ HA OCURRIDO?	
¿A QUIÉN LE HA PASADO?	
¿CUÁNDO HA SUCEDIDO?	
¿DÓNDE HA TENIDO LUGAR?	

2 Elige otro titular para la noticia anterior.

- Pampelum tiene muchas nubes.
- Nubes de colores en Pampelum.
- Plub es pintor de nubes.

3 Piensa en algo importante que haya ocurrido en tu colegio y escribe una noticia que podría aparecer en el periódico de tu escuela. No olvides escribir un titular.

Los refranes

Lee estos refranes y su explicación.

Hasta el cuarenta de mayo no te quites el sayo

El cuarenta de mayo es el 9 de junio, ya que mayo tiene 31 días. El sayo era una prenda de vestir antigua, que se utilizaba para protegerse del frío. Por tanto, el refranero aconseja no desprenderse de las prendas de abrigo hasta mediados de junio, porque puede hacer frío.

En martes, ni te cases ni te embarques

Los antiguos romanos dedicaban el segundo día de la semana al dios Marte, y por esta razón nosotros decimos "martes". Marte era un dios feroz: el dios de la guerra. Así que los romanos pensaban que el martes era un mal día para hacer negocios, para viajar o para casarse, ya que la mala suerte reinaría. Aquellas ideas supersticiosas han pasado hasta nuestros días y el refranero popular recogió la antigua creencia.

BELÉN BERMEJO
Refranes populares. Edelvives

Los **refranes** son frases populares que dan un **consejo** o una **advertencia**.

1 ¿Qué refrán de los anteriores aplicarías en esta situación?

2 Forma en tu cuaderno refranes con rima uniendo frases. ¿En qué situación se podrían decir?

- Haz bien
- Las cosas de palacio
- Un grano no hace granero,
- Hasta los gatos

- ...van despacio.
- ...quieren zapatos.
- ...pero ayuda al compañero.
- ...y no mires a quién.

3 Copia y explica el refrán que aparece en esta poesía.

Ande yo caliente,
y ríase la gente.
Traten otros del gobierno
del mundo y sus monarquías,
mientras gobiernan mis días

mantequillas y pan tierno,
y las mañanas de invierno
naranjada y aguardiente,
y ríase la gente.

LUIS DE GÓNGORA

EXPRESIÓN ORAL

Hacer preguntas

¿Te importa...?

Antes de hacer una pregunta es importante valorar si es adecuada o no. Para ello, conviene ponerse en el lugar de la otra persona y pensar si le puede molestar que le hagamos esa pregunta. Una vez que hemos decidido que sí es oportuna, hay que procurar hacerla siempre con amabilidad. Y, por supuesto, si nos contestan, no hay que olvidar dar las gracias.

Lee estas viñetas.

Para **hacer preguntas** es importante:
- Pensar si molestarán a la otra persona.
- Hacerlas con amabilidad, utilizando expresiones como las siguientes: *¿Podría explicarme...? ¿Le importaría decirme...? ¿Querría contarme...?*
- Dar las gracias después de escuchar la respuesta.

1 Imagina a dos amigos hablando. ¿Cuáles de estas preguntas no te parecen adecuadas? Explica por qué.
- ¿Te duchas todos los días?
- ¿Te ha gustado la película?
- ¿Por qué soy tu mejor amigo?
- ¿Quieres jugar en nuestro equipo?
- ¿Te lavas los dientes?

en Resumen

Repasa la unidad y completa este resumen en tu cuaderno.

des- | verbos | in- | -ar | titulares | e, i | qué | refranes | -ir | ga, go, gu | -er | gü | quién | gue, gui

- Los prefijos in- y des- se utilizan para formar palabras de significado contrario.
- Se escribe g delante de a, o, u: ga, go y gu Se escribe gu delante de e, i: gue gui. Se escribe gü delante de e, i : güe, güi.
- Los verbos son las palabras que indican las acciones que realizan las personas, los animales o las cosas.
- Los infinitivos pueden terminar en ar , er, o ir
- Para escribir una noticia debemos explicar qué ha ocurrido, a quién le ha pasado, dónde ha sucedido y cuándo ha tenido lugar.
- Los títulos de las noticias se llaman titulares
- Los refranes son frases populares que dan un consejo o una advertencia.

Actividades para revisar tu ortografía

1. *Lee el dictado y fíjate en las palabras destacadas. Después, cópialo en tu cuaderno.*

Plub recibió un **encargo** de un famoso **mago** que vivía en el Polo Norte, rodeado de **pingüinos**. Quería encargar una nube única, preciosa... ¡**inigualable**!

Plub trabajó y trabajó. Le salían nubes de todas las formas posibles: con forma de **cigüeña**, de **manguera**, de **guisante**, de **águila**, de **piragüista**... Pero nada lo bastante especial. De pronto, se le ocurrió algo genial. Pintó una nube con todos los colores que conocía. Al mago le gustó tanto que la exhibió durante años en la puerta con los pingüinos.

2. *Escribe en tu cuaderno los nombres de estos dibujos.*

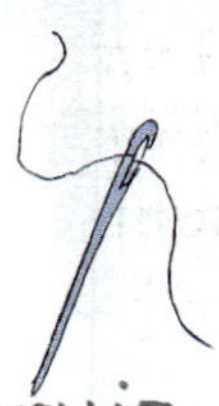
aguja

guitarra

lagartija

guisantes

3. *Piensa tres palabras con cada sílaba y clasifícalas.*

gue | gui | güe | güi

RECUERDA LO ANTERIOR

1. *Completa con palabras formadas con los prefijos des- o in-.*

- Lo contrario de *calzarse* es descalzarse
- Lo contrario de *adecuado* es inadecuado
- Lo contrario de *completo* es descompleto
- Lo contrario de *doblar* es desdoblar

2. *Fíjate en cómo terminan estas palabras y escríbelas es tu cuaderno en singular.*

tempestad tempestades	rey reyes	amistad amistades
barniz barnices	pez peces	nariz narices
albornoz albornoces	luz luces	arroz arroces
buey bueyes	ciudad ciudades	barniz barnices

3. *Lee este texto sobre el planeta Mercurio y rellena la ficha.*

Mercurio es un planeta pequeño, su diámetro mide 4 900 kilómetros. Es el planeta más próximo al sol, ya que está a 58 millones de kilómetros del sol. Tarda en recorrer su órbita 88 días terrestres.

Su superficie se parece mucho a la de la Luna, y como ella, tampoco tiene atmósfera. Por eso su cielo es negro, aunque sea de día.

Nombre del planeta: Mercurio
Diámetro: 4900 kilómetros
Distancia al Sol: 58 millones de kilómetros
Órbita: 88 días
Superficie: se parece mucho a la de la Luna
Curiosidades:

4. *Completa estas oraciones cambiando los dibujos por formas verbales.*

- Ayer Verónica  escribir una carta a sus tíos.
- Mi hermana  canta en el coro del colegio.
- Salvador  habla por teléfono con su familia de Nicaragua.
- En mi casa normalmente  come a las dos.

5. *Completa estas oraciones con la palabra adecuada.*

- Andrés canta en el coro (coro / corro) de su colegio.
- Se rompió la rueda de la carreta (carreta / careta).
- En el museo vimos fotos de los mares de coral (corral / coral).
- Desde este cerro (cero / cerro) se puede ver el río.

6. *Escribe qué están haciendo.*

7. *Copia estas oraciones y rodea las formas verbales. Después, escribe su infinitivo.*

- Mi amigo Jaime toca el violín.
- En primavera nacen las crías de los animales.
- Los bomberos apagaron el fuego rápidamente.
- Todos los sábados vamos a ver mis abuelos.

PON A PRUEBA TUS COMPETENCIAS

El cuestionario

Es fundamental que te analices para conocer cómo actúas en clase. Para ello, vamos a pedirte que contestes el siguiente cuestionario.

Preguntas	Sí	Algunas veces	No
1. En clase pregunto al profesor lo que no entiendo.			
2. Procuro estar activo en clase para no distraerme.			
3. Presto atención a las explicaciones del profesor.			
4. Me siento satisfecho con las materias que estudio.			
5. Me interesa todo lo que se dice en clase.			

Las respuestas **no** las consideramos negativas; las **sí**, positivas y **algunas veces**, neutras. Todas las respuestas que hayan sido **no**, deberán ser objeto de reflexión por tu parte.

Un alumno ha respondido al anterior cuestionario y sus respuestas aparecen representadas en el gráfico siguiente.

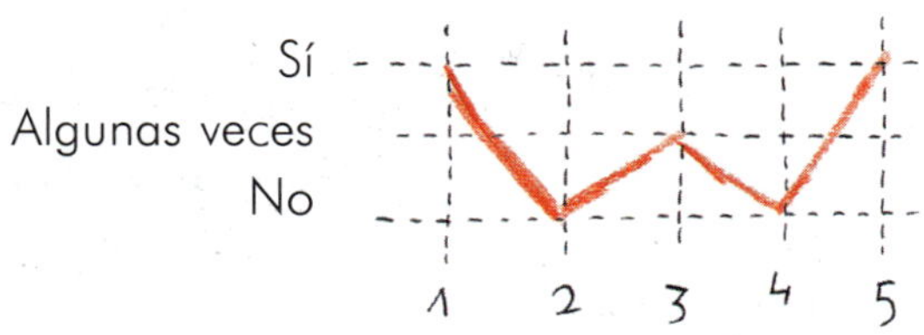

FUENSANTA HERNÁNDEZ
Aprender a aprender. Océano

1. ¿Cuántas preguntas tiene el cuestionario? ¿Para qué sirve contestarlo? ¿Cómo crees que hay que marcar las respuestas?

2. ¿Qué palabra del texto significa *ni bueno ni malo*?

3. Fíjate en el gráfico. Escribe en tu cuaderno qué respondió el alumno a cada pregunta.

- 1 sí, 2...

4. ¿Qué consejo le darías a este alumno para que esté satisfecho con las materias que estudia?

5. Realiza el cuestionario y representa tus respuestas en un gráfico como este.

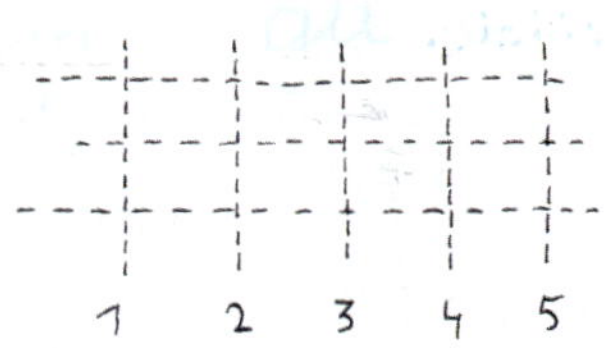

12 HISTORIAS REALES

En el mundo hay reinos de todo tipo. Pero no viven aislados. Cada país se relaciona con los demás. Cuando lo hacen como los **Trotamundos**, es decir, con respeto, reina la paz. En la vida de los trotamundos no hay sitio para la guerra.

En este cuento aparecen dos reinos con sus respectivos reyes, más un príncipe y una princesa. ¿Será una historia de amor o de guerra?

¿Quién escribe?

Michael Ende

Michael Ende era alemán. Por eso se pronuncia "Mijael". Su apellido, Ende, significa "final" en alemán. Y es verdad que leer una historia de Michael es el final... del aburrimiento. Y que una vez que empiezas, no puedes parar hasta leer la palabra ENDE.

La sopera y el cazo

Había una vez dos reinos: uno estaba a la izquierda de una gran montaña y el otro a la derecha. Era muy difícil escalar la gran montaña que separaba los dos reinos, por lo que nadie lo había intentado jamás. El rey derecho se llamaba Camuflo, y el izquierdo, Pantuflo. La esposa de Camuflo se llamaba Camelina, y la de Pantuflo, Pantina.

Y dio la casualidad de que las dos reinas tuvieron un hijo por las mismas fechas. Pantina tuvo un príncipe, y Camelina, una princesa. Al príncipe le bautizaron con el nombre de Tafilín, y a la princesa, con el de Praliné.

Y ocurrió que tanto la casa real izquierda como la derecha olvidaron invitar al bautizo a una tataraprima que tenía bastante mal humor. Se llamaba Serpentina Cascarrabias y, en secreto, era hada, y además un hada mala. Y Serpentina Cascarrabias se tomó el olvido espantosamente mal. Se montó en su moto de fuego y partió a toda velocidad.

Serpentina Cascarrabias les dijo a ambas parejas reales:

–Con el fin de que me recordéis en este día, os he traído un regalo.

Y entregó a la pareja real derecha una sopera de porcelana. En la sopera estaba pintado un cazo de color azul.

–No se trata de una sopera corriente –aclaró Serpentina Cascarrabias–, sino que tiene unas propiedades muy especiales. Pero no se pueden apreciar hasta que no se remueva en el interior de esta sopera con el cazo correspondiente. En ese momento, la sopera se llenará con la sopa más sabrosa y nutritiva que imaginarse pueda. Y permanecerá siempre llena.

A Camuflo se le salían los ojos de las órbitas y Camelina preguntó:

–¿Y dónde está el cazo?

–Vosotros mismos deberéis encontrarlo –respondió Serpentina Cascarrabias mientras se reía maliciosa.

Y exactamente en el mismo instante, los reyes Pantuflo y Pantina recibían el cazo de porcelana. En él estaba pintada una sopera de color azul.

A continuación, Serpentina Cascarrabias se montó en su moto de fuego y partió a toda velocidad.

Y pasaron los años...

Mientras tanto, el príncipe Tafilín y la princesa Praliné fueron creciendo. Un día se les ocurrió a los dos subir la **escarpada** montaña. Allí, en la cima, se encontraron por primera vez. En seguida se entendieron muy bien y por eso quedaron en encontrarse siempre allí arriba para jugar.

Como era de esperar, llegó el día en que salió el tema del cazo y la sopera.

–En casa tenemos una sopera en la que hay pintado un cazo que tiene una sopera pintada... y así sucesivamente –dijo la princesa Praliné.

–Y nosotros tenemos en casa un cazo en el que hay pintada una sopera que tiene un cazo pintado... y así sucesivamente –dijo el príncipe Tafilín.

–Entonces todo es muy sencillo –opinó la princesa Praliné–. Lo único que tenemos que hacer es juntar los dos objetos y asunto terminado.

–Soy de la misma opinión que tú –le contestó el príncipe Tafilín–. Se lo contaremos a nuestros reales padres.

A continuación, se dieron un beso y bajaron cada uno a su reino respectivo.

escarpada: difícil de subir.

MICHAEL ENDE

La sopera y el cazo. Ediciones SM

COMPRENSIÓN LECTORA

1 Piensa y contesta.

- ¿Qué separa a los dos reinos?
- ¿Alguien había intentado alguna vez superar ese obstáculo? Explica por qué.

2 Escribe en tu cuaderno el nombre de los miembros de cada familia.

3 ¿Quién es Serpentina Cascarrabias? ¿Qué le regaló a la pareja real izquierda? ¿Y a la pareja real derecha?

4 Explica qué propiedades tienen la sopera y el cazo.

5 Lee las palabras del príncipe y contesta.

- ¿Qué le acababa de contar la princesa?
- ¿Qué sucedió después?

6 ¿Qué quiere decir la expresión "A Camuflo *se le salían los ojos de las órbitas*"?

- Camuflo estaba muy sorprendido.
- Camuflo tenía que usar gafas para ver.
- Camuflo daba saltos de alegría.

7 ¿Qué crees que pasó cuando la princesa Praliné y el príncipe Tafilín les contaron a sus padres lo que habían descubierto? Escribe cuál imaginas que fue su respuesta.

8 Tafilín y Praliné se esforzaron y consiguieron llegar a la cima de la montaña que separaba sus reinos. ¿Alguna vez has conseguido, esforzándote mucho, hacer algo que parecía muy difícil? Cuenta cómo fue.

VOCABULARIO

Los sufijos *-ero, -era, -ería, -or* y *-ora*

Lee y fíjate en las palabras destacadas.

La palabra *consejero* se ha formado añadiendo a la palabra *consejo* el **sufijo** *-ero*.

> Los sufijos **-ero**, **-era**, **-ería**, **-or** y **-ora** se usan para formar nuevas palabras.

1 *Añade a estas palabras los sufijos -ero, -era, -ería y clasifícalas.*

libro	barba	reloj	churro
pescado	pastel	helado	leche

Personas (-ero, -era) | Lugares (-ería)

2 *Copia y completa con palabras terminadas en -or, -ora, como en el ejemplo.*

- Este casco te **protege** contra los golpes. → *Es un casco* **protector**.
- Sara **conduce** un autobús.
- Mi vecino **dirige** aquel colegio.
- Elena **redacta** noticias deportivas.
- Este señor **inventa** robots.
- Su hermana **traduce** libros.

3 *Escribe en tu cuaderno la profesión de estas personas.*

Ja, jo, ju, je, ji, ge, gi

Observa cómo se escriben estas palabras.

caja

conejo

brújula

ajedrez

mejillón

geranio

página

Se escribe *j* delante de *a*, *o*, *u*: **ja**, **jo**, **ju**.
Se escribe *g* o *j* delante de *e*, *i*: **ge**, **gi**, **je**, **ji**.

1 Completa en tu cuaderno estas oraciones con la palabra adecuada.

- Esta bailarina es muy ____
- El ____ es un pájaro muy cantarín.
- Cuando llueve guardo la bici en el ____
- El policía hizo un ____ para detener el tráfico.

garaje
ágil
gesto
jilguero

2 Copia y escribe *g* o *j*. Si no estás seguro, consulta el diccionario.

cole__io | agu__ero | __igante | __inete
pere__il | hi__iene | li__ero | e__ercicio

3 Escribe en tu cuaderno el nombre de cada dibujo.

El verbo: presente, pasado y futuro

Observa las viñetas y lee.

Ayer Tafilín y Praliné **subieron** a la montaña.

Hoy **hablan** sobre la sopera y el cazo.

Mañana **contarán** lo sucedido a sus padres.

Las palabras *subieron*, *hablan* y *contarán* son formas verbales que indican en qué momento se realizan las acciones de *subir*, *hablar* y *contar*.

Los **verbos** expresan acciones que pueden ocurrir en el presente, en el pasado o en el futuro.

- En **presente** se expresan acciones que se realizan en el momento en que se habla.
- En **pasado** se expresan acciones que ya se han realizado.
- En **futuro** se expresan acciones que se realizarán después.

1 Copia las siguientes oraciones y rodea los verbos. Después indica cuándo se realiza la acción: ayer, hoy o mañana.

- Roberto lleva canicas en la mochila.
- ¿Irás de vacaciones a la playa?
- Aquí celebré mi cumpleaños.
- Comemos sopa de fideos.
- El grupo de teatro actuó en el salón de actos.
- Me tomaré un batido de chocolate.

2 *Clasifica los verbos que aparecen en estas oraciones, según si indican un tiempo pasado, presente o futuro.*

- En el jardín encontré una pelota.
- Vicente lee un libro.
- La enfermera pidió silencio.
- Almorzaremos en la mesa del patio.
- Begoña practica piragüismo.
- ¿Visitaréis la exposición de pintura?

PASADO	PRESENTE	FUTURO

3 *Sustituye los infinitivos por la forma verbal adecuada y escribe las oraciones en tu cuaderno.*

- Mi hermano ______ (*terminar*) ayer su colección de cromos.
- Cristina ______ (*cumplir*) hoy nueve años.
- Los gigantes y cabezudos ______ (*pasar*) después por aquí.
- Mis compañeros y yo ______ (*escribir*) la semana pasada un cuento.
- Mis abuelos ______ (*venir*) el mes que viene a casa.

4 *Escribe una forma verbal de cada tiempo, como en el ejemplo.*

comer	escribir	cantar

Pasado *miré,* ______

Presente *miro,* ______

Futuro *miraré,* ______

5 *Escribe en tu cuaderno esta oración en pasado y en futuro.*

- Sara y Marcos juegan en el parque.

6 *Observa las viñetas y escribe lo que cuenta la periodista.*

AYER HOY MAÑANA

Escribir normas

Normas de comedor

Reinos de la Gran Montaña

1. Antes de comer, lavarse las manos.
2. Sacar la sopera y el cazo del estuche con mucho cuidado y dejarlos sobre la mesa.
3. Remover despacio el interior de la sopera con el cazo.
4. Servirse la comida que se desee.
5. No hablar con la boca llena de comida.
6. Después de comer, lavar la sopera y el cazo y dejarlos en su lugar correspondiente.

Gracias por tu colaboración

Las **normas** indican cómo debemos comportarnos en un lugar.

1 Señala los personajes que sí están cumpliendo las normas y explica en tu cuaderno qué norma no están cumpliendo los demás personajes.

2 Rellena una ficha como esta con las normas del comedor de los *Reinos de la Gran Montaña*.

¿A QUIÉN VAN DIRIGIDAS?	
¿QUÉ SE DEBE HACER?	
¿QUÉ COSAS NO ESTÁN PERMITIDAS?	

3 Escribe cuatro normas que pondrías para que el material común de la clase esté ordenado.

La poesía: la estrofa

Recita en voz alta esta poesía.

Canción del niño que vuela

ESTROFA 1

El niño dormido está,
¡y qué sueño está soñando!
¿Qué sueña? Sueña que vuela.
¡Qué bien se vuela soñando!

ESTROFA 2

Abre los brazos, los mueve
como un ave, y va volando...
¿Qué sueña? Que no es un sueño.
¡Qué bien se sueña volando!

ESTROFA 3

En la cuna quieto está.
Pero sonríe, soñando.
¿Qué sueña? Que vuela, vuela.
¡Qué bien se vuela soñando!

JOSÉ SEBASTIÁN TALLÓN
Tomado de *Antología de poesía infantil*. Arrayán

Las **poesías** se dividen en estrofas. Cada estrofa está formada por un grupo de **versos**.

1 ¿Cuántas estrofas tiene la poesía? ¿Cuántos versos tiene cada estrofa?

2 ¿Qué frase se repite en el tercer verso de cada estrofa?

3 Hay dos estrofas que acaban igual. ¿Cuáles son?

4 Lee la poesía y escribe cuántas estrofas tiene y cuántos versos tiene cada estrofa.

La mariposa
deja que el viento
la traiga y la lleve
como un papel.

Liba en la rosa
solo un momento
pero se bebe
toda la miel.

Y, en ese instante,
quieta se queda
sobre las flores,

como un brillante
lazo de seda
de mil colores.

GERMÁN BERDIALES

EXPRESIÓN ORAL

Pedir perdón

Lo siento

Todos nos equivocamos en algún momento. Eso no es extraño ni grave. Lo importante es ser capaz de reconocer los errores e, incluso, de pedir perdón, si hemos molestado a alguien. Para ello, hay que acercarse a la persona con sinceridad y utilizar palabras amables para no volver a herir sus sentimientos. Si, además, nos esforzamos en comprender por qué se ha sentido mal, es muy probable que aprendamos a comportarnos mejor la próxima vez.

Lee estas viñetas.

Para **pedir perdón** es importante:

- **Ser sinceros al explicar por qué lo hicimos.**
- **Utilizar expresiones como: *Perdóname... Lo siento... No era mi intención... Siento haberte hecho daño...***

1 *Imagina escenas en las que pedirías perdón y completa las siguientes oraciones.*

- Siento mucho ___. No lo hice a propósito.
- No te enfades conmigo por ___. Creí que no te importaba que ___
- Perdóname por ___. Estaba muy nervioso porque ___
- Siento haberte molestado por ___. No era mi intención.

en Resumen

Repasa la unidad y completa este resumen en tu cuaderno.

-or | -era | j | futuro | versos | jo | ge

-ora | normas | -ero | gi | pasado | g | -ería | presente

- Los **sufijos** or , era , ora , ero , eria sirven para formar nuevas palabras.
- Se escribe j delante de *a*, *o*, *u*: *ja*, jo , *ju*.
- Se escribe g o *j* delante de *e*, *i*: ge , *gi*, *je*, ji
- En presente se expresan acciones que se realizan en el momento en que se habla.
- En pasado se expresan acciones que ya se han realizado.
- En futuro se expresan acciones que se realizarán después.
- Las normas indican cómo debemos comportarnos en un lugar.
- Las **poesías** se dividen en estrofas. Cada estrofa está formada por un grupo de versos

ACTIVIDADES PARA REVISAR TU ORTOGRAFÍA

1. *Lee el dictado y clasifica las palabras marcadas. Después, cópialo en tu cuaderno.*

El príncipe Tafilín y la princesa Praliné tuvieron una idea **genial**. Pensaron que la sopera **mágica** podría ayudar a los niños que vivían en sus reinos. Enviaron un **jinete** de **viaje** por todos los rincones del reino, hasta los más **lejanos**, con un mensaje increíble: desde ese día, todos los niños recibirían un plato de sopa diario. ¡Los platos de sopa eran **gigantes**! Los **jóvenes** príncipes se dieron cuenta de que **juntos** formaban un gran equipo.

ge, gi, je, ji | ja, jo, ju

2. *Completa en tu cuaderno con palabras con g o con j.*

- Ponte el ___ de lana porque hace frío.
- Hay que comprar champú y ___ de ducha.
- Apoya la espalda en el ___ para estar más cómoda.
- En este cuento un ___ concede tres deseos a un muchacho.

RECUERDA LO ANTERIOR

1. Copia y completa con nombres de tiendas acabados en *-ería*.

- Ya no queda pan. ¿Vas tú a la ____, por favor?
- Estos zapatos los compré en esa ____
- Me encantan las flores de aquella ____
- Necesito papel y lápices. Voy a la ____

2. Observa las viñetas y escribe tres oraciones con los verbos *hervir*, *servir* y *vivir*.

3. Completa en tu cuaderno estas oraciones con el pronombre personal adecuado.

- ____ van al colegio en autobús.
- ¿Por qué no vienes ____ también a jugar?
- ____ siempre estáis de buen humor.
- ____ quiere un libro de animales para su cumpleaños.
- ____ somos amigos desde hace mucho tiempo.

4. Escribe dos palabras más que pertenezcan a cada familia.

tierra → terrícola
luz → iluminar

5. Escribe estas oraciones en tu cuaderno con la forma verbal adecuada.

- La semana que viene toda la clase ____ (*ir*) al teatro.
- ¡Los primos ya ____ (*estar*) aquí!
- El verano pasado me ____ (*encontrar*) con Celia en la playa.
- Ayer ____ (*llover*), pero hoy el sol ____ (*brillar*) radiante.
- ¿Mañana ____ (*venir*) la nueva profesora de música?

6. Observa el dibujo y completa su descripción con las palabras del recuadro.

alrededor	**por encima**
a un lado	**hacia abajo**

La casa se hallaba en la ladera de la montaña y se veía desde los barcos. ____, el bosque se elevaba hacia las nubes; ____, la negra lava se extendía hasta los arrecifes. Un jardín florecía ____ de la casa. También se veía ____ un huerto de papayas y a otro, uno de árboles del pan.

R. L. STEVENSON
Cuentos de los mares del sur. Espasa

PON A PRUEBA TUS COMPETENCIAS

Carné de socio infantil de la Biblioteca

Para hacerte socio de la Biblioteca debes pasar por el mostrador de "**Socios**" que se encuentra en la **primera planta**. El carné es gratuito y se entrega en el acto.

Requisitos:

Autorización del padre / madre, tutor / tutora (de forma presencial o a través del formulario proporcionado por la Biblioteca).

Mostrar el D.N.I. del responsable del menor.

Préstamo:

Si te haces socio, te podrás llevar:

3 libros infantiles .... 21 días
1 vídeo infantil .... 7 días
1 DVD infantil .... 7 días
1 CD-ROM infantil .... 7 días

El titular del carné es el responsable de su uso. Ello incluye la reposición de aquellos documentos perdidos o deteriorados.

En caso de pérdida del carné de socio, deberá comunicarlo inmediatamente a la Biblioteca.

1. ¿Dónde te puedes hacer socio de la biblioteca? ¿Cuánto tardan en entregarte el carné?

2. Belén ha ido con su madre a la biblioteca. Ella lleva en la cartera su carné de identidad, su carné de la biblioteca y un billete de 20 euros. ¿Qué necesita para hacer socia a Belén?

3. Mario tiene el carné de socio infantil de la biblioteca. Imagina las siguientes situaciones y contesta.
   - Sacó un vídeo el 20 de abril. ¿Cuándo deberá devolverlo?
   - Ha sacado 2 libros. ¿Qué más puede sacar?
   - La hermana pequeña de Mario ha roto uno de los libros que Mario sacó de la biblioteca. ¿Qué obligación tiene ahora Mario?
   - Mario ha perdido su carné de la biblioteca. ¿Qué debe hacer?

13 MANOS A LA OBRA

Para los **Trotamundos** no hay montañas demasiado altas. Con esfuerzo e ilusión, pueden subir hasta la montaña más elevada. Tampoco hay ríos demasiado anchos. Todos se pueden cruzar. Sobre todo, si al otro lado espera un amigo.

Pero ¿lograrán los niños de Pueblo Alto cruzar al otro lado del río? ¿Acabarán jugando con los niños de Pueblo Bajo?

¿Quién escribe?

Patricia Barbadillo

Si el mundo se te queda pequeño, siempre puedes pasear por el planeta Rabicún, un planeta que inventó Patricia para poder explicarte las leyes que sirven para organizar un país.

de cabo a rabo: de principio a fin.

El pequeño planeta Rabicún

No sé si vosotros habréis visto alguna vez en el cielo, lejos, muy lejos de la Tierra, un planeta que gira constantemente alrededor del sol; se llama Rabicún.

Rabicún es muy pequeño y solo tiene dos pueblos; el primero está en una montaña, y por eso lo llaman Pueblo Alto; el otro está en una llanura y se llama Pueblo Bajo. Un río atraviesa el planeta **de cabo a rabo**, y separa la llanura de la montaña.

Desde hacía ya muchos años, la gente que vivía en Pueblo Alto estaba enemistada con los que vivían en Pueblo Bajo; ya nadie se acordaba de por qué estaban enfadados, solamente sabían que al cruzarse con algún habitante del otro pueblo por el bosque, debían poner cara de mal genio.

En cambio, los niños de los dos pueblos eran muy amigos y cruzaban el río por las tardes, en una barca, para poder jugar juntos.

Un día todos los niños de Rabicún decidieron organizar una gran fiesta; cada niño llevaría de su casa lo que pudiese: galletas, bollos, pasteles, nueces...

Se instalarían en un gran campo de flores amarillas, cerca de Pueblo Bajo, y allí podrían cantar y organizar juegos.

Cuando llegó la hora, los niños de Pueblo Alto se dirigieron hacia el río y comenzaron a colocarse todos en la barca. Pero tan cargados iban que casi no cabían.

Empujaron la barca hacia el centro del río, y aquella comenzó a deslizarse suavemente. Pero de pronto se dieron cuenta, horrorizados, de que casi iban hundidos.

Y todos comenzaron a chillar.

–¡Socorro! ¡Socorro! La barca no puede avanzar.

En la otra orilla, los demás niños de Pueblo Bajo escucharon asustados los gritos de sus amigos.

–¡Rápido, debemos avisar en seguida a nuestros padres! –gritó Juana.

Las familias de Pueblo Bajo se reunieron a la orilla del río. Rápidamente se echaron al río un grupo de padres, nadando hacia donde estaba la barca. Poco a poco la fueron empujando hacia la orilla, hasta que finalmente llegaron y los niños pudieron salir de la barca, abrazándose unos a otros muy contentos.

Cuando se enteraron de lo sucedido, las familias de Pueblo Alto decidieron organizar una gran fiesta en honor de los vecinos de Pueblo Bajo, para agradecerles el salvamento de sus hijos.

Así lo hicieron y, cuando estaban todos los habitantes de Rabicún reunidos, al padre de Rosa se le ocurrió una idea; pidiendo silencio a los demás, les dijo:

–Amigos, debemos solucionar el problema del paso del río. Propongo que, entre todos, construyamos un gran puente para acabar con el peligro que supone cruzar el río. Juntos será cosa fácil y no tardaremos mucho tiempo. Debemos olvidar nuestro viejo enfado y poner manos a la obra. ¿Qué os parece?

Todos estuvieron de acuerdo y en seguida empezaron a repartirse el trabajo.

Y de esa forma, en muy pocos días quedó terminado un magnífico puente que unía los dos pueblos por encima del río; y todos los habitantes de Rabicún se reunían por las tardes, olvidando el antiguo enfado que los había tenido enemistados tantos años; los niños lo cruzaban corriendo y gritando, y el Rey aseguraba que él, que había viajado tanto, nunca había visto en ningún otro planeta un puente tan grande, tan bonito y tan bien construido.

PATRICIA BARBADILLO
Rabicún. Ediciones SM

COMPRENSIÓN LECTORA

1 Piensa y contesta.

- ¿Dónde sucede la historia?
- ¿Cómo se llaman los dos únicos pueblos que tiene el planeta?
- ¿Dónde está cada uno?

2 Explica qué hacían los habitantes de ambos pueblos cuando se cruzaban con alguien del otro pueblo.

3 Los niños organizaron una fiesta. ¿Dónde iba a ser? ¿Qué debían llevar?

4 Ordena las viñetas según el orden en que ocurrió la historia.

(A) 3

(B) 4

(C) 1

(D) 2

5 ¿Por qué decidieron las familias de Pueblo Alto organizar una fiesta en honor de los vecinos de Pueblo Bajo?

6 ¿Quién propuso una solución al problema de cruzar el río? Escribe la viñeta que indica cuál fue la solución y explica en qué consistía.

(A)

(B)

(C)
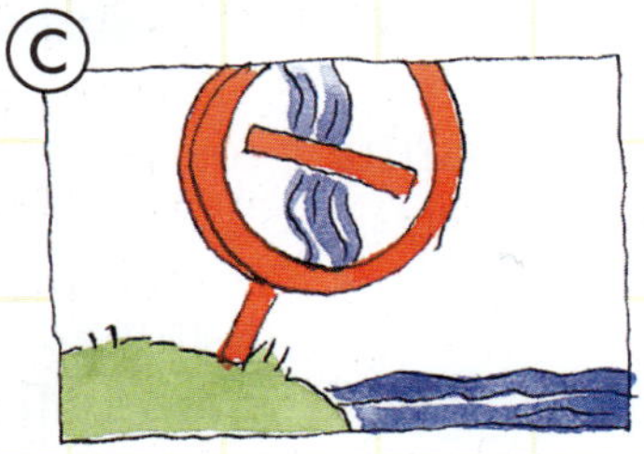

7 Elige el significado correcto de la expresión "Debemos *poner manos a la obra*".

- Debemos unir las manos y pedir un deseo.
- Quien quiera participar en la obra debe levantar las manos.
- Debemos empezar a trabajar.

8 Gracias a la colaboración de los habitantes de ambos pueblos, el puente se termina en poco tiempo. ¿En qué actividades colaboras tú en casa y en el colegio para que todo funcione mejor?

9 Los habitantes de Rabicún han estado enfadados durante mucho tiempo. ¿Crees que merece la pena enfadarse con los demás y ser rencoroso? ¿O es mejor olvidar los enfados y ser amigos? ¿Por qué?

VOCABULARIO

La precisión léxica: *decir* y *hacer*

Lee y fíjate en las palabras destacadas.

En la primera viñeta, Juana y Rosa repiten los verbos *decir* y *hacer*. En cambio, en la segunda viñeta utilizan otros verbos.

Los verbos decir y hacer tienen muchos significados y se utilizan muy a menudo. En su lugar, podemos emplear otros verbos de significado más preciso.

1 *Lee este texto y sustituye los verbos destacados por otros de significado más preciso.*

Alba y Tomás fueron a una granja.
–¿Vamos a ver los caballos? –**dijo** Tomás.
–Vale. Podemos darles de comer –**dijo** Alba.
–Después iremos a dar un paseo –**dijo** Tomás.
–¡Estupendo! –**dijo** Alba.

respondió
exclamó
preguntó
sugirió

2 *Escribe estas oraciones, sustituyendo el verbo hacer por otro verbo.*

componer	sacar	construir	preparar	pintar

- Este domingo mi hermano va a **hacer** una paella.
- Cuando vamos de excursión, me encanta **hacer** fotografías.
- En ese terreno van a **hacer** un polideportivo.
- Vanesa suele **hacer** cuadros muy coloridos.
- Blanca y yo vamos a **hacer** una canción.

Verbos terminados en -*bir*

Observa cómo se escriben los siguientes verbos.

recibir

subir

escribir

prohibir

Se escriben con *b* todos los verbos que terminan en **-bir**, menos **hervir**, **servir** y **vivir**.

1 *Clasifica estas formas verbales, según su infinitivo.*

suscribiré percibí describíamos percibimos

describo escribiste suscribieron escribirá

escribir **describir** **suscribir** **percibir**

2 *Completa en tu cuaderno estas oraciones con el verbo adecuado.*

- Adrián ___ en un pueblo tranquilo junto al mar.
- El agua y el aceite ___ a distinta temperatura.
- Los prismáticos ___ para ver de cerca objetos que están lejos.

sirven
vive
hierven

3 *Escribe con b o v estas familias de palabras.*

vivir → vi___ienda, convi___encia, supervi___iente

servir → ser___icio, ser___illeta, ser___idor

hervir → her___or, her___idero, her___ido

El verbo: número y persona

Lee lo que dicen los habitantes de Rabicún y fíjate en las palabras destacadas.

La forma verbal *construiremos* indica quién realiza la acción: todos.

La forma verbal *jugarás* indica quién realiza la acción: tú.

Las formas verbales indican si la acción la realiza una sola persona (**singular**) o varias personas (**plural**).

Las formas verbales también indican qué **persona** realiza la acción:

- **Primera persona**: *yo, nosotros, nosotras.*
- **Segunda persona**: *tú, vosotros, vosotras.*
- **Tercera persona**: *él, ella, ellos, ellas.*

1 Relaciona en tu cuaderno los pronombres personales con las formas verbales que les corresponden.

Yo	habláis
Tú	comemos
Ella	leo
Nosotras	escriben
Vosotros	cuenta
Ellas	observas

2 *Clasifica las siguientes formas verbales en un cuadro como este.*

enviaron	construyo	vivíais	descubrimos
arregláis	propuso	organizarán	escuchamos
charló	saltaste	decides	veo

	SINGULAR	PLURAL
1.ª persona	yo ___ , ___	nosotros ___ , ___
2.ª persona	tú ___ , ___	vosotros ___ , ___
3.ª persona	él ___ , ___	ellos ___ , ___

3 *Clasifica los verbos que aparecen en estas oraciones según cuándo ocurre la acción. Después, indica qué persona realiza cada acción.*

- Ayer yo comí macarrones con tomate.
- Hoy Carla estrena sus botas granates.
- Mañana mis primos dormirán en nuestra casa.

Pasado **Presente** **Futuro**

4 *Copia y completa estas oraciones con las formas verbales adecuadas.*

- ¿___ (*saber*) tú dónde se guardan las servilletas?
- A partir de hoy, ellos ___ (*entrenar*) todos los días para la carrera.
- Álvaro, por favor, ¿me ___ (*acercar*) la jarra?
- Yo ___ (*tener*) dos hermanos.
- ¿A qué hora ___ (*ir*) vosotros al dentista ayer?
- Nosotras ___ (*participar*) mañana en el festival, ¿y vosotros?

5 *Observa el dibujo y escribe en tu cuaderno lo que dice cada niño.*

EXPRESIÓN ESCRITA

Escribir un cómic

Lee este cómic.

Un **cómic** es una historia contada en una serie de escenas. Cada escena se llama **viñeta**.

La persona **dice** algo.

La persona **piensa** algo.

1 Lee la viñeta y escribe el diálogo en tu cuaderno. No olvides escribir la raya cuando sea necesario.

2 Completa este diálogo y represéntalo en un cómic.

María preguntó: —¿Qué podíamos hacer esta tarde?

Juan contestó: —¡Vamos a la playa!

María preguntó: —¡Vale! A lo mejor vemos un pulpo.

Juan pensó: —Sí, o una ballena

María le dijo: —

Juan pensó: —

El final de los cuentos populares

Lee este cuento.

Érase una vez un cuento que era el último de todos los cuentos.
Era el encargado de decir:
Y vivieron felices
y comieron perdices.
Y a mí no me dieron
porque no quisieron.

Pero un día se cansó de decir siempre lo mismo y dijo:
Si solo comen perdices,
no serán nunca felices.
También necesitan cuentos
que son buenos alimentos.

EMILI TEIXIDOR
Cuentos de intriga de la hormiga Miga. Ediciones SM

Los **cuentos populares** suelen terminar así: *Colorín colorado, este cuento se ha acabado* o *Fueron felices y comieron perdices*.

1 ¿Cuál de los finales que aparecen en el cuento es un final popular? ¿Cuál es inventado?

2 Escribe en tu cuaderno las parejas de palabras que terminan igual.

cuentos	felices	dieron
perdices	quisieron	alimentos

3 ¿Qué quiere decir que los cuentos "son buenos alimentos"?

4 Escribe más finales populares uniendo frases que rimen.

1 Esto es verdad y no miento.	4 y se lo llevó el viento, se fue... por el mar adentro.
2 Así pasaron muchos años,	3 por la chimenea salió un cohete.
3 Y colorín colorete	1 Como me lo contaron, te lo cuento.
4 Se acabó el cuento	2 hasta que este cuento se perdió entre castaños.

EXPRESIÓN ORAL

Elogiar a los demás

¡Cómo me gusta!

Seguro que, cuando haces algo bien, te gusta que los demás te lo digan. Pues lo mismo les sucede a ellos. Procura tenerlo en cuenta y, siempre que te llame la atención lo bien que una persona hace algo, díselo. No se trata de alabar a todo el mundo sin motivo, sino de descubrir lo que se le da mejor a cada uno. Si te fijas bien, te darás cuenta de que todos tenemos nuestras habilidades y hacemos algo especialmente bien.

Lee estas viñetas.

Para **elogiar a los demás** no olvides:

- Ser sincero. Elogiar solo cuando tienes motivos.
- Utilizar expresiones como: *¡Qué bien...! ¡Se te da muy bien...! ¡Me gusta mucho cómo...!*

1 *¿Cuáles de estos elogios crees que te los podrían decir a ti?*

- ¡Qué bien escribes!
- ¡Eres un amigo estupendo!
- ¡Me gusta mucho hablar contigo!
- ¡Siempre vas muy bien vestido!
- ¡Tienes una sonrisa muy bonita!

2 *Piensa en qué hace bien tu compañero o compañera y díselo.*

en Resumen

Repasa la unidad y completa este resumen en tu cuaderno.

primera · b · segunda · plural · populares · -bir · persona · hacer · vivir · cómic · tercera · singular · decir

- Los verbos _____ y _____ tienen muchos significados y se utilizan muy a menudo. En su lugar, podemos utilizar otros verbos de significado más preciso.
- Se escriben con ___ todos los verbos que terminan en ___, menos **hervir**, _____ y **servir**.
- Las formas verbales indican si la acción la realiza una sola persona (_____) o varias personas (_____). Las formas verbales también indican qué _____ realiza la acción: _____ persona (yo, nosotros, nosotras), _____ persona (tú, vosotros, vosotras), _____ persona (él, ella, ellos, ellas).
- El _____ es una historia contada en una serie de escenas. Cada escena se llama **viñeta**.
- Los cuentos _____ suelen terminar así: **Colorín colorado, este cuento se ha acabado** o **Fueron felices y comieron perdices**.

ACTIVIDADES PARA REVISAR TU ORTOGRAFÍA

1. *Lee el dictado y clasifica los infinitivos de los verbos destacados. Después, copia el dictado en tu cuaderno.*

El Rey de Rabicún **recibió** una visita muy especial. Era un famoso periodista que quería **escribir** un artículo sobre Rabicún. El Rey le enseñó los lugares más bonitos de su reino: lo **subió** a la montaña más alta, desde donde se ve el valle más profundo... Y, por supuesto, le mostró el puente que unía Pueblo Alto y Pueblo Bajo. Se **exhibía** una placa que recordaba a todos la importancia de colaborar y llevarse bien.

Terminan en *-bir*	Terminan en *-vir*
_____	_____

2. *Completa estas formas verbales con b o v.*

ser__íamos	prohí__en	reci__iste	su__irán
escri__í	hier__en	descri__ían	vi__o

RECUERDA LO ANTERIOR

1. Completa en tu cuaderno este diálogo con verbos que no sean *decir* ni *hacer*.

2. Encaja las piezas de este puzle para formar oraciones.

Vosotros	leo un cuento.
Ella	bebes un zumo.
Yo	vamos al teatro.
Ellos	paseáis por el parque.
Nosotras	escribe una carta.
Tú	nadan en el lago.

3. Escribe el plural de estas palabras.

buey ley rey jersey

4. Copia y completa estas oraciones con pronombres personales y rodea el verbo.

- ¿Fabricas ___ estos collares?
- ___ son mis amigas.
- Lorenzo y Eva, ¿escribisteis ___ esta nota?

5. Observa la fotografía y escribe una noticia. Recuerda que deben aparecer estos datos.

- ¿**Qué** ha ocurrido?
- ¿**A quién** le ha pasado?
- ¿**Cuándo** ha sucedido?
- ¿**Dónde** tuvo lugar el suceso?

6. Sustituye las palabras destacadas por un pronombre personal y copia las oraciones en tu cuaderno. Después rodea el verbo y di en qué persona y número está.

- **Mis abuelos** viven en Cádiz.
- **Félix, Rocío y tú** formáis un buen equipo.
- **La madre de Ángel** es actriz de teatro.
- **Mónica y yo** escribimos una poesía.

7. Escribe nombres de profesión acabados en *-ero*, *-era*, *-or*, *-ora*.

- Persona que cuida de una granja.
- Persona que bucea en el mar.
- Persona que practica el esquí.
- Persona que cocina.

PON A PRUEBA TUS COMPETENCIAS

La página web

1. Localiza y completa la dirección de la página web.

   www.

2. Esta página está dedicada a una serie de *El Barco de Vapor*. ¿Cuál?

3. ¿Qué es la *home*?
   a) La casa donde vive Sito Kesito.
   b) La sección donde encontrarás el catálogo de la Serie Azul.
   c) La página principal de **www.elbarcodevapor.com**, desde donde puedes visitar todas las secciones.

4. Localiza la mano, ¿cuál es la próxima sección que podrías visitar?

5. Localiza las secciones de la página que deberías señalar si quisieras realizar estas acciones.
   - Consultar el catálogo de la Serie Azul.
   - Imprimir la ficha de *Sito Kesito* y *su robot gigantesco*.
   - Acceder a la Serie Blanca.
   - Hacer un test sobre libros.
   - Acceder a la página de Pablo Diablo.
   - Volver a la página principal.

Autoevaluación de la unidad 13

14 DE MAYOR QUIERO SER...

¿Qué te gustaría ser de mayor? Un **Trotamundos** puede llegar a ser todo lo que se proponga. Basta con que no le falten las ganas de trabajar.

Pero, en el país Maschicodelmundo, donde vive Perico, no es que falten las ganas de trabajar. Lo que falta es trabajo. ¿Y qué podrá hacer Perico? ¡Ay, pobre Perico!

¿Quién escribe?

Joel Franz Rosell

Para hablar de Joel Franz hay que coger carrerilla porque es: escritor, profesor, periodista y crítico. Ha vivido en Cuba, Brasil, Dinamarca, Francia y Argentina. Sus obras se han llevado a la tele, la radio, el cómic, el teatro... Y ha recibido tantos premios que ni caben. Por algo será, ¿no crees?

árbol genealógico: conjunto de antepasados de una persona.

Perico

En la familia de Perico todos habían sido guardabosques, carpinteros o comerciantes de palillos de dientes. Era una tradición centenaria que envolvía a la familia en un fuerte aroma de serrín y que hacía de su **árbol genealógico** uno de los mejor plantados del país Maschicodelmundo.

Todos habían vivido en el bosque o del bosque y estaban orgullosos de él. Todos, menos Perico.

Cuando Perico nació, el país se había quedado sin su único bosque. Antes de morir, el rey Cacho Tercero había concedido a los miembros de la familia de Perico el título hereditario de Jardineros Reales.

Pero en el país Maschicodelmundo solo había dos árboles y cuatro rosales, que estaban en la plaza pública; ocho tulipanes azules, que estaban en el jardín de la reina; dieciséis macetas de begonias, que estaban en los balcones, y treinta y dos plantas medicinales y hortalizas, que crecían en los patios.

Esta vegetación no bastaba para dar trabajo al abuelo de Perico, al padre de Perico, al tío de Perico, y al desgraciado de Perico, quien desde recién nacido oyó a su madre suspirar:

–¡Ay, hijo mío, has nacido desempleado!

Tal como iban las cosas, nuestro héroe corría el riesgo de que acabaran llamándole *Perico Ay-ay-ay*.

De que lo amenazaba un triste destino, Perico debió de darse cuenta siendo un bebito, porque es entonces cuando uno puede adquirir **dotes** extraordinarias como las que el chico demostraría años más tarde: exactamente el día en que por primera vez tuvo a mano un trozo de lápiz y una esquina de papel.

Perico se puso, como cualquier crío de su edad, a hacer **palotes**. Pero no palotes comunes y corrientes, de esos que parecen un cero abollado o la nariz del vecino de enfrente. ¡No señor! Perico se puso a hacer palotes perfectísimos y dignos de su nombre; nada de monigotes, florecitas o casas con chimenea y una columna de humo en forma de tirabuzón.

dotes: cualidades.

palotes: **1** líneas que se hacen cuando se aprende a escribir. **2** palos medianos.

El quinto palote que dibujó ya era tan real y **al pie de la letra** que salió del papel y cayó al suelo haciendo tanto ruido como un **leño**, pues no era otra cosa.

Después, Perico dibujó un roble centenario y el suelo se abrió bajo el empuje de las raíces, las paredes se rajaron ante el **vigor** de las ramas y el techo de la casa salió por los aires convertido en ridícula boina del árbol gigantesco.

–¡Que alguien le pare la mano al crío! –gritaba el padre, colgando de una de las ramas más altas del roble.

A partir de ese día no faltó la madera en el país Maschicodelmundo. Cada vez que les hacía falta, sentaban a Perico en medio de la plaza y le decían: "Pinta, niño, pinta", aunque nunca le dejaban hacer árboles muy grandes.

Pese a las limitaciones impuestas a su libertad de creación, Perico pudo crecer sin miedo al desempleo y, sobre todo, sin temer que a nadie se le ocurriera poner el **apodo** de *Perico Ay-ay-ay*. Lo suyo eran los palotes; de eso ya no quedaba la menor duda.

JOEL FRANZ ROSELL
El cuento de Perico.
Tomado de *Cuentos azules*. Ediciones SM

al pie de la letra: exacto.

leño: trozo de árbol cortado y sin ramas.

vigor: fuerza.

apodo: nombre que se da a una persona.

COMPRENSIÓN LECTORA

1 Piensa y contesta.

- ¿Cómo se llama el país donde vive Perico?
- ¿Qué trabajos habían realizado en su familia?
- ¿Qué título les había concedido el rey?

2 ¿Cómo era el país cuando nació Perico? Explica la viñeta adecuada.

3 Relaciona cada elemento con el lugar donde se encuentra.

2 árboles y 4 rosales	en los patios
8 tulipanes azules	en los balcones
16 macetas de begonias	en el jardín de la reina
32 plantas medicinales y hortalizas	en la plaza pública

4 ¿Cuándo descubrió la familia de Perico que el niño tenía una habilidad extraordinaria? Elige la opción correcta.

- Cuando todavía era un bebé.
- Cuando cogió por primera vez un lápiz.
- Cuando dibujó una casa con chimenea.

5 ¿Dónde estaba el padre de Perico cuando dijo esto? ¿Qué había ocurrido antes? ¿Qué sucedió a partir de entonces?

6 ¿Con cuál de estos apodos podrían haber llamado a Perico?

- *Perico Ya-ya-ya*
- *Perico Ay-ay-ay*
- *Perico Para-para-para*

7 Perico tenía una habilidad muy especial. ¿Qué se te da mejor hacer a ti? ¿Qué te gustaría ser de mayor? Explica por qué.

VOCABULARIO

Las palabras compuestas

Lee y fíjate en la palabra destacada.

El tatarabuelo de Perico era **guardabosques**.

La palabra *guardabosques* es una **palabra compuesta** que está formada por las palabras *guarda* y *bosques*.

> Las **palabras compuestas** están formadas por palabras simples.

1 *Forma palabras compuestas uniendo las palabras de cada columna y escríbelas en tu cuaderno.*

rasca	vajillas
salva	pájaros
lava	cielos
espanta	vidas

2 *Escribe en tu cuaderno las palabras simples que forman cada una de estas palabras compuestas.*

cumpleaños	girasol	pasacalles
hierbabuena	madreselva	pasodoble

3 *Clasifica en tu cuaderno estas palabras, según si son simples o compuestas.*

sol	altavoz	cabeza	hielo	pelirrojo
ciempiés	paraguas	vaso	pararrayos	letra

Palabras simples — Palabras compuestas

4 *Busca en el diccionario la palabra* bocacalle *y escribe con ella una oración en tu cuaderno.*

Verbos terminados en *-aba*

Lee lo que dice Perico.

Se escriben con *b* todas las formas verbales que terminan en **-aba**, **-abas**, **-ábamos**, **-abais**, **-aban**.

1 Escribe en tu cuaderno qué hacían ayer estos niños.

2 Copia estas oraciones sustituyendo los infinitivos por una forma verbal terminada en *-aba*.

- La semana pasada Ana ____ (*estar*) en Segovia.
- Mis hermanos ____ (*cantar*) en un coro de pequeños.
- El año pasado ____ (*bailar*) siempre en la plaza del pueblo por las fiestas.
- Alberto y tú ____ (*cocinar*) antes unos platos buenísimos.

3 Completa el texto en tu cuaderno con las palabras del recuadro.

preparaba **estaba** **habitaba** **anunciaba**

Chist, el pequeño duende, ____ en una seta en el bosque. De pronto, un día le llegó una carta que ____ que iba a recibir una visita muy importante. ¡Qué nervioso ____! Un día, mientras lo ____ todo, llegó la visita: ¡era su primo Chast! Hacía, por lo menos, ciento diez años que no se veían. ¡Iban a pasárselo genial!

Clases de oraciones

Observa el dibujo y lee lo que dice cada personaje.

Estos personajes se comunican con oraciones de diferentes clases. La abuela utiliza una oración **enunciativa afirmativa**. La madre, una oración **enunciativa negativa**. Perico, una oración **interrogativa**. Y el padre, una oración **exclamativa** y una **imperativa**.

Las **oraciones** pueden ser de diferentes tipos:

- **Enunciativas afirmativas:** sirven para afirmar algo.
- **Enunciativas negativas:** sirven para negar algo.
- **Interrogativas:** sirven para preguntar algo.
- **Exclamativas:** sirven para expresar alegría, miedo, sorpresa, dolor...
- **Imperativas o exhortativas:** sirven para expresar un ruego o mandato.

1 *Copia en tu cuaderno solo las oraciones.*

- ¿La fiesta comienza a las cinco de la tarde?
- La Tierra redonda.
- Mañana vecina mi el piano toca.
- Cuéntame una historia de miedo.

Recuerda

Las **oraciones** comunican un mensaje con sentido completo.

2 *Indica qué hacen las personas que dicen estas oraciones.*

afirmar   expresar dolor   preguntar   negar

3 Clasifica estas oraciones según de qué clase son.

- ¡Está nevando!
- No llaman por teléfono.
- Miguel vendrá el jueves.
- Acércame la fruta, por favor.
- ¿Por dónde sale el sol?

Enunciativa afirmativa
Enunciativa negativa
Exclamativa
Interrogativa
Imperativa

4 Convierte en negativas las siguientes oraciones afirmativas.

- Mañana vamos al teatro.
- Me gusta el arroz con leche.
- La bicicleta de mi hermano tiene la rueda pinchada.
- Esteban jugará al ajedrez esta tarde.

5 Copia y completa las oraciones con los signos de puntuación que faltan.

- Cuánto cuestan las uvas
- Cómo me gusta
- Qué libro estás leyendo ahora
- Eres genial
- Dónde está la carpeta
- Qué canción tan maravillosa

Recuerda

Después de los signos de interrogación **?** y de exclamación **!** no se pone nunca punto.

6 Transforma estas oraciones enunciativas en interrogativas y exclamativas.

Hoy hay luna llena.

Tú no quieres helado.

7 Observa el dibujo e inventa un diálogo donde utilices oraciones interrogativas y exclamativas. Recuerda que cada una debe tener un verbo.

EXPRESIÓN ESCRITA

Escribir un resumen

Lee este texto.

Para tener buena salud es necesario seguir una **dieta sana**. Para ello, hay que beber **agua** e ingerir al menos tres clases de alimentos en cada comida.

En primer lugar, los **alimentos ricos en vitaminas** nos protegen de ciertas enfermedades y ayudan a digerir mejor la comida.

En segundo lugar, los **alimentos ricos en proteínas** ayudan a formar nuestro cuerpo, proporcionándonos los elementos esenciales para nuestro esqueleto, músculos y órganos.

Por último, los **alimentos ricos en azúcares y grasas** aportan energía y nos ayudan a realizar esfuerzos, a movernos y a estudiar.

Resumir un texto es escribirlo de forma más corta con la información más importante.

1 *Elige el título que explica mejor el contenido del texto anterior.*

- Las grasas
- La dieta sana
- Los alimentos

2 *Escribe el resumen del texto. Para ello, fíjate en las palabras destacadas.*

Para seguir una dieta sana hay que beber ______ e ingerir tres clases de alimentos en cada comida: ______, ______ y ______

3 *Señala qué palabras se han utilizado en el texto para organizar la información.*

- En primer lugar - Luego - Al final.
- Primero - Luego - Después.
- En primer lugar - En segundo lugar - Por último.

La repetición de sonidos

Recita en voz alta esta poesía.

La jirafa jaranera
la jota quiso bailar,
pero el jirafo le dijo:
–¡Juro que jota jamás!

Bajó la jirafa el cuello,
fijó el ojo en el pajar:
–No has entendido ni jota...

La atajó el jirafo:
–¡Bah!

La jota es solo la J
de ajo, ajonjolí y majá:
ja je ji jo ju ja ¡ja!

DAVID CHERICIÁN

> La **repetición de sonidos** se utiliza en algunas poesías para crear un ritmo especial.

1 ¿Cuál es la consonante que más se repite en estos versos?

2 ¿A qué jota se refiere la jirafa: al baile o a la letra? ¿Y el "jirafo"?

3 Une en tu cuaderno cada palabra con su significado.

jaranera	planta que da semillas comestibles
ajonjolí	con ganas de fiesta
majá	culebra no venenosa

4 Escribe una oración en que todas las palabras empiecen por la letra inicial de tu nombre.

5 Lee esta poesía. ¿Qué sonidos se repiten en los primeros versos?

El barbero, barba a barba,
barbarea a don Quijote
y le pasa la navaja
por su delgado cogote.

Mientras la barba le afeita
don Quijote se ha dormido,
sueña con su Dulcinea,
con gigantes y molinos.

Al mirarse en el espejo,
pega un brinco don Quijote:
–Dime, barbero, qué has hecho
con mi barba y mi bigote.

–¿No veis, señor caballero,
que es bueno cambiar de imagen,
arreglarse más el pelo
y estrenar un nuevo traje?

–No me repliques, barbero;
aunque es triste mi figura
sigo siendo un caballero
muy a gusto en mi locura.

MANUEL JURADO LÓPEZ
Everest

EXPRESIÓN ORAL

Pedir consejo

¿Qué te parece?

A veces, tenemos problemas que nos cuesta mucho resolver. Entonces, aunque nos dé vergüenza, merece la pena pedir consejo o ayuda a otras personas. Para ello, hay que explicar bien lo que nos pasa y cómo nos sentimos. Los demás no siempre encontrarán la solución que estamos buscando. Pero, en cualquier caso, el hecho de que nos escuchen ya nos sirve de gran ayuda y hace que nos sintamos mejor.

Observa estas viñetas.

Para **pedir consejo** a los demás es importante:

- Explicarles lo que nos sucede y cómo nos sentimos para que puedan ponerse en nuestro lugar.
- Utilizar expresiones como: *¿Tú qué harías? ¿Qué me aconsejas? ¿Qué puedo hacer?*

1 *¿Qué le dirías a una persona en una situación así?*

- Se siente mal porque ha discutido con su mejor amigo.
- No sabe qué hacer, ha roto sin querer un póster de su hermano.
- Sus padres están de viaje y está muy preocupado por ellos.
- No se atreve a enseñar las notas, son muy malas.

2 *Cuéntale a tu compañera o compañero algo que te preocupe. Seguro que te puede ayudar.*

en Resumen

Repasa la unidad y completa este resumen en tu cuaderno.

sonidos **exclamativas** **negativas** **compuestas** **resumir**

corta **interrogativas** **afirmativas** **-aba** **-abais**

- Las palabras ______ están formadas por palabras simples.
- Se escriben con *b* todas las formas verbales que terminan en ______, *-abas*, *-ábamos*, ______, *-aban*.
- Las oraciones enunciativas ______ sirven para afirmar algo.
- Las oraciones enunciativas ______ sirven para negar algo.
- Las oraciones ______ sirven para preguntar algo.
- Las oraciones ______ sirven para expresar alegría, miedo...
- ______ un texto es escribirlo de la forma más ______ con la información más importante.
- La repetición de ______ se utiliza en algunas poesías para crear un ritmo especial.

ACTIVIDADES PARA REVISAR TU ORTOGRAFÍA

1. *Lee el dictado y subraya las formas verbales que terminan en -aba. Después, cópialo en tu cuaderno.*

A todo el mundo le encantaba el trabajo de Perico. Por eso, le concedieron el título de pintor de árboles. Todos los días, Perico pasaba horas en el campo. Se llevaba sus pinturas y un bloc para dibujar todo lo que veía. Pintaba y pintaba, y así aprendió a pintar todas las plantas. Gracias a sus pinceles, el país recuperaba poco a poco el paisaje que tuvo en épocas pasadas.

2. *Copia las oraciones sustituyendo los dibujos por formas verbales terminadas en -aba.*

- Ayer Ana y Luis  música.
- Mi abuelo me  cuentos antes de dormir.
- Sergio  a fútbol en el parque.

R ECUERDA LO ANTERIOR

1. *Copia y completa las oraciones con estas palabras compuestas.*

guardacostas **balonmano** **automóvil**

- Julia ha dibujado un ______ rojo.
- Mi abuelo trabajaba en un pueblo de mar como ______
- Mañana tenemos el partido de ______

2. *Lee lo que dice cada personaje y clasifica las oraciones.*

Enunciativa afirmativa

Enunciativa negativa

Interrogativa **Exclamativa**

Imperativa

3. *Sustituye los infinitivos por la forma verbal adecuada y copia las oraciones en tu cuaderno.*

- Ayer mi padre me ______ (*regalar*) un libro.
- Este año Rosario ______ (*estudiar*) Tercero de Primaria.
- Mañana Carlos y su banda ______ (*actuar*) en la plaza.
- Este verano ______ (*viajar*) por Italia con mi familia.
- Mis primos ______ (*actuar*) en un grupo de teatro.

4. *Escribe en singular estas palabras y clasifícalas según cómo terminan.*

nueces	bueyes	actividades
narices	leyes	portavoces
paredes	cicatrices	huéspedes
reyes	jerséis	majestades

Terminan en -d

Terminan en -z

Terminan en -y

5. *Completa en tu cuaderno las palabras de cada pizarra.*

su ☐ imos
escri ☐ o
descri ☐ ió
reci ☐ es
prohi ☐ ieron

hier ☐ e
ser ☐ imos
vi ☐ e
vi ☐ ieron
ser ☐ ían
hier ☐ en

PON A PRUEBA TUS COMPETENCIAS

Instrucciones para volar sobre un dragón

Observad con atención el equipo que necesita Pincho para emprender el vuelo.

(1) **La escalera para subir:** es necesaria para auparse encima del dragón. Las más cómodas son las escaleras plegables.

(2) **La silla:** la de Pincho es un gran modelo de silla.

Observad que la silla cubre las púas dorsales; de lo contrario, las posaderas de los jinetes quedarían hechas polvo.

(3) **Las bridas:** son de línea aerodinámica y con acabados de lujo, tal y como Pincho se merece.

(4) **El extintor:** está situado debajo del ala derecha, a punto para ser utilizado si alguna llamarada pone en peligro la integridad física del jinete.

Para acabar, tenéis que recordar que el código de circulación draconiana exige que los jinetes lleven siempre con ellos el carné de cabalgar dragones.

NÚRIA PRADAS
Curso para jóvenes jinetes de dragón. La Galera

1. ¿Quién es Pincho? ¿Por qué crees que se llama así?

2. Explica en tu cuaderno para qué sirve la escalera. ¿Y el extintor?

3. Observa el dibujo y contesta: ¿Qué son las bridas? ¿Para qué se utilizan? ¿Crees que los números en el dibujo son útiles? ¿Por qué?

4. ¿Qué es el código de circulación draconiana?
   a) El código para circular por los rincones.
   b) El código de circulación de dragones.
   c) El código de circulación más duro y severo que existe.

5. Escribe dos peligros que puedes correr si montas sobre un dragón.

Autoevaluación de la unidad 14

15 UN PEQUEÑO CAMBIO

Es difícil que un **Trotamundos** se aburra porque siempre encuentra algo que hacer: leer, jugar, imaginar... También es verdad que es más difícil aburrirse cuando estamos con amigos y amigas que cuando estamos solos.

Pero el protagonista de esta historia, un pequeño rey, estaba siempre solo. ¿Qué podría hacer para no aburrirse?

¿Quién escribe?

Jesús Fernández Santos

¿Te gusta el cine? ¿Y el teatro? ¿Y la televisión? ¿Y los libros? Jesús hizo todas estas cosas, y lo hizo tan bien que sale en las enciclopedias. Aunque casi todo lo que escribió es para mayores, no se olvidó de escribir también para ti.

acequias: canales por donde pasa el agua.

El reino de los niños

Hubo una vez un rey que se aburría en su palacio lleno de espejos, cuadros y personas mayores. Era un rey muy pequeño. Solo tenía cuatro o cinco años, y por más que se empinaba sobre la punta de los pies, no conseguía ver sino los marcos de los retratos de otros reyes más viejos.

Así pues, el tiempo en aquella casa tan grande se le hacía muy largo.

A veces salía al jardín, pero nunca muy lejos, pues grandes rejas lo prohibían. Los guardas decían que, siendo tan pequeño, se perdería.

Por ello, día y noche, tenía uno detrás para hacerle volver si se alejaba demasiado.

Y sin embargo, era lo que más le divertía: recorrer los caminos de los erizos y los topos y escuchar los susurros de los pájaros.

Un año, el sol calentó tanto que secó las **acequias**, los ríos y las fuentes. Faltó el agua para todos. Los halcones, los gatos y los topos, cansados de pasar sed, huyeron en busca de otros ríos y lagos. Quedó en silencio el parque y el pequeño rey ya no supo qué hacer; tan aburrido como siempre, y además solitario.

Una mañana el rey, aprovechando que el guarda mayor, el que mandaba a todos, estaba dormido bajo los cipreses, sacó de su bolsillo las llaves del jardín y fue en busca de aquellas altas rejas cerradas para siempre. Vio tres entradas, cada cual con un cartel en lo alto.

Llegó hasta la tercera, cuyo cartel dorado anunciaba: "Laberinto". Metió la llave en su cerradura y en seguida sintió que giraba sola entre sus manos. Las verjas se abrieron dejando caer al suelo hojas secas y pesados **ramajes**. Apenas las cruzó, vio dos caminos. Tomó el de la derecha y, a los pocos pasos, aparecían otros tres senderos iguales.

Cuanto más andaba, más caminos se abrían, hasta llegar a una pared tan alta que ni siquiera dejaba pasar a otros reyes mayores.

Se volvió buscando la salida, pero por todas partes solo había senderos y caminos.

ramajes: ramas de un árbol o de otra planta.

El pequeño rey se sentó a descansar. El sol se fue cayendo poco a poco y la luna asomó sus cuernos entre las nubes. Tan cansado estaba, que a media noche se quedó dormido.

Cuando al fin se despertó, todo el jardín parecía diferente. Ya no había tantos caminos, sino uno solo, derecho y despejado, de modo que andando un poco se encontró con la verja, cuyo cartel decía ahora: "HAN PASADO CIEN AÑOS".

El rey pequeño siguió adelante y encontró vacío su palacio. Nadie vivía en él. Entonces buscó a sus amigos del parque, a los **milanos**, los topos y los patos, y les mandó traer a todos los niños que pudieran encontrar lejos y cerca.

Así, el palacio se llenó. Se abrieron todas las puertas, y los espejos y los cuadros se pusieron más bajos, para que todos pudieran ver los retratos de los mayores con sus negras barbas y sus trajes complicados.

El palacio, tan triste antes, parecía nuevo ahora, vivo y alegre, todo lleno de luces y voces mientras duraba el día, y de noche animado por el rumor del bosque.

El pequeño rey mandó parar todos los relojes y nunca volvieron a parecerle largas las horas. Nunca tampoco se aburrió ni estuvo solo, sino feliz entre otros niños como él, durante los muchos años que duró su reinado.

milanos: aves grandes con las plumas marrones y la cola larga.

JESÚS FERNÁNDEZ SANTOS
El reino de los niños. Ediciones SM

COMPRENSIÓN LECTORA

1 Piensa y contesta.

- ¿Quién es el protagonista de la historia?
- ¿Cuántos años tiene?
- ¿Cómo se sentía al principio en el palacio?
- ¿Qué es lo que más le divertía?

2 ¿Por qué se marcharon del jardín los animales? ¿Cómo se sintió el rey entonces?

3 ¿Qué hizo el rey cuando el guarda mayor dormía?

4 Explica por cuál de estas puertas salió el rey.

Ⓐ

Ⓑ

Ⓒ

5 Ordena las viñetas de lo que ocurrió cuando el rey salió del jardín y explica qué sucede en cada una.

Ⓐ

Ⓑ

Ⓒ

Ⓓ

6 Explica qué significa la expresión "la luna asomó sus cuernos entre las nubes".

7 ¿Cómo era el palacio cuando regresó el rey? ¿Qué hizo el rey para cambiarlo?

8 Al principio el rey se aburre porque no tiene amigos con quien jugar. ¿Qué haces tú para tener amigos? ¿Cómo los cuidas?

VOCABULARIO

Las frases hechas

Lee y fíjate en las palabras destacadas.

Las palabras *estoy en mi salsa* forman una **frase hecha** que significa "estoy a gusto".

> Una **frase hecha** es un grupo de palabras que se utiliza siempre en el mismo orden y que tiene un significado fijo.

1 Copia y relaciona estas frases hechas con su significado.

Ser agua pasada. Quedarse pajarito. Ver mundo. Tirar la toalla.	Pasar mucho frío. Darse por vencido. Haber perdido importancia. Viajar por distintos lugares.

2 Sustituye las frases hechas destacadas por las palabras del recuadro que significan lo mismo.

- Héctor vino **de punta en blanco**.
- Guarda este disco **como oro en paño**.
- Volveré **en un abrir y cerrar de ojos**.
- Ana se marchó **a la chita callando**.

en un instante
sin que nadie se diera cuenta
con mucho cuidado
muy bien vestido

3 ¿Cuál de estas imágenes explica mejor el significado de la frase hecha *estar en las nubes*?

A

B

La sílaba tónica y la sílaba átona

Lee estas palabras y fíjate en cómo se pronuncian las sílabas destacadas.

jabalí

tomate

helicóptero

La sílaba que se pronuncia más fuerte en una palabra se llama **sílaba tónica**.
El resto de las sílabas se llaman **sílabas átonas**.

1 Copia en tu cuaderno estas palabras y sepáralas en sílabas. Después rodea con un círculo rojo las sílabas tónicas.

pintor, lápices, rosal, árbol, tirabuzón, fenómeno, cáscara, sopa, camiseta

2 Completa en tu cuaderno esta escalera de sílabas de manera que la sílaba tónica esté en la casilla de color.

maceta, azul, planta, tenedor, hipopótamo, localidad, arándano, hortaliza, rápido

AGUDA
(última sílaba)

LLANA
(penúltima sílaba)

ESDRÚJULA
(antepenúltima sílaba)

3 Escribe en tu cuaderno solamente el nombre de los dibujos en los que "ra" es la sílaba tónica.

Las partes de la oración: el sujeto y el predicado

Observa la viñeta y lee la oración.

El rey abrió la verja.

La oración *El rey abrió la verja* está formada por dos partes:

El rey	*abrió la verja.*
sujeto	predicado

La **oración** tiene dos partes: el sujeto y el predicado.
- El **sujeto** indica quién realiza la acción.
- El **predicado** indica la acción que realiza el sujeto.

En el predicado siempre aparece el **verbo**.

1 Lee lo que dice esta niña y contesta a las preguntas.

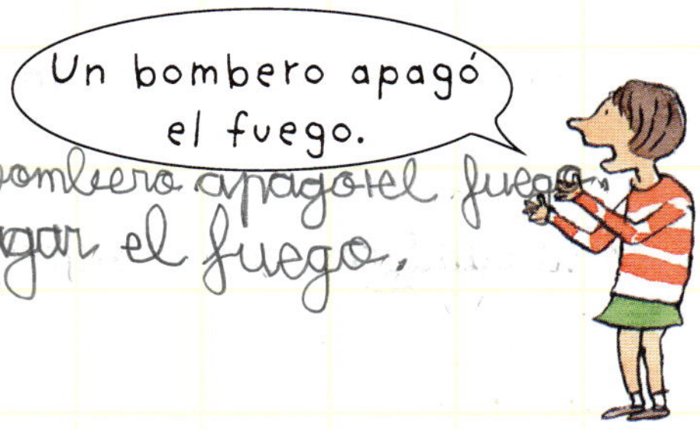

- ¿Quién apagó el fuego? El bombero apagó el fuego.
- ¿Qué hizo un bombero? Apagar el fuego.

2 Forma oraciones en tu cuaderno relacionando las palabras de cada columna.

• Los peces...	... emprendió el viaje.
• La luna...	... nadan en el estanque.
• El astronauta...	... vienen esta tarde.
• Mi perro...	... brilla por la noche.
• Nuestros amigos...	... ladra a los desconocidos.

3 Copia estas oraciones en tu cuaderno e indica en cada caso quién realiza la acción.

- La yegua cuida a su potrillo.
- Tus abuelos pasean por el parque todas las tardes.
- Las noches de invierno el viento silba muy fuerte.

4 Escribe sujetos para estos predicados.

- El autor escribe libros para niños.
- El capitan navega en alta mar.
- Los lobos aullaban en el monte.

5 Completa estas oraciones con un predicado.

- Mis padres son majos.
- El globo rojo flota.
- Los elefantes comen.
- El zapatero arregla zapatos.

6 Copia en tu cuaderno un cuadro como el siguiente y complétalo con estas oraciones, como en el ejemplo.

- Rodrigo y Susana dibujan dinosaurios.
- La nieve cubrió el césped.
- Los delfines saltan entre las olas.
- El cocinero prepara un postre especial.

¿QUIÉN REALIZA LA ACCIÓN? SUJETO	¿QUÉ ACCIÓN REALIZA? PREDICADO
Rodrigo y Susana	dibujan dinosaurios.

7 Completa este diálogo en tu cuaderno con el sujeto y el predicado que faltan.

Escribir una poesía con rima

Lee esta poesía y fíjate en cómo terminan las palabras marcadas.

Luna lun**era**
cascabel**era**,
rodando sola
sin compañ**era**.

Luna lun**illa**
cabezonc**illa**,
toda la noche
brilla que br**illa**.

Luna lun**ada**
semimoj**ada**
por el arroyo
nada que n**ada**.

Luna lun**eta**
cornivel**eta**,
jugando al toro
por la glori**eta**.

CARLOS MURCIANO

Para **escribir una poesía** con rima es necesario que las últimas palabras de los versos terminen igual o parecido.

1 *¿Cuántos versos tiene la poesía anterior?*

2 *Copia en tu cuaderno las palabras de la poesía que riman.*

Riman en -*era* →

Riman en -*illa* →

Riman en -*ada* →

Riman en -*eta* →

3 *Copia los siguientes versos y escribe dos versos más. Puedes elegir estas palabras que riman.*

acompañar	**abrigar**

embarcadero	**velero**

Cada día al despertar

Iba en su barco el marinero

LITERATURA

El teatro: las acotaciones

Representa junto a un compañero esta obra de teatro.

(Entra el sabio Sandalio con su maletón.)

SANDALIO: *(Saludando con una reverencia.)* Majestad.

REY VERANO: Te he mandado llamar, sabio Sandalio, porque el rey Verano, que soy yo, está grave.

SANDALIO: ¿Qué le pasa, Majestad?

REY VERANO: *(Quejándose.)* Desde hace dos noches, cuando sopla el viento, me duele aquí *(señala con el dedo índice de la mano derecha la palma de su mano izquierda)* y cuando se cae una hoja de los árboles, me pica aquí *(el mismo movimiento con su mano izquierda)*. ¡Qué desgracia la mía! Dime, ¿qué debo tomar para curarme?

SANDALIO: Que el rey Verano coma ajos.

JOSÉ GONZÁLEZ TORICES
El rey Verano.
Tomado de *Cuatro estaciones. Teatro para niños*. Ediciones SM

En las obras de **teatro** aparecen **acotaciones**. Son las indicaciones sobre el decorado, el vestuario, la entonación, las acciones o los gestos que deben hacer los actores. Se escriben entre paréntesis en letra inclinada o *cursiva* y no se leen en voz alta.

1 ¿Qué personajes aparecen sobre el escenario en la obra que acabas de leer? ¿Qué gesto hace Sandalio? ¿Qué parte del cuerpo se señala el rey?

2 ¿Qué problema tiene el rey Verano?

3 Lee y representa este fragmento de *Peter Pan*.

WENDY: Peter, ¿cuántos años tienes?

PETER: *(Alegremente.)* No lo sé, pero soy muy joven, Wendy. Quiero ser siempre un niño. Así que me escapé y viví mucho tiempo entre las hadas.

WENDY: *(Con los ojos como platos.)* ¡Conoces a las hadas!

PETER: Sí. Verás, Wendy, cuando el primer niño se puso a reír por primera vez, la risa se partió en mil pedazos que se desperdigaron por todas partes, y ese fue el principio de las hadas.

JAMES M. BARRIE
Peter Pan. Siruela

Hablar por teléfono

¡Hola! ¿Estás ahí?

Cuando hablamos por teléfono no nos vemos las caras. Sin embargo, si ponemos atención en el tono de voz, es posible que descubramos cómo se encuentra la persona con la que hablamos. Para hacer la comunicación más fácil debemos intentar hablar lo más claro posible y, si es necesario, más alto de lo normal. Mientras la otra persona habla, podemos intervenir con palabras o frases cortas que demuestran que estamos escuchando con interés lo que nos dice.

Lee estas viñetas.

Para **hablar por teléfono** es importante:

- **Prestar atención al tono de voz de quien nos habla.**
- **Hablar con claridad y, en ocasiones, más alto de lo normal.**
- **Utilizar expresiones que demuestran que seguimos la conversación con interés, como: *Ajá... Claro... Sí, sí...***

1 Imagina qué dirías al hablar por teléfono si te encuentras en las siguientes situaciones. ¿Cómo te sentirías?

- Quieres invitar a una amiga a tu cumpleaños.
- Te llama tu abuela que está en otra ciudad.
- Hay una avería de agua y no hay nadie en casa.
- Llaman por teléfono preguntando por alguien que no vive ahí.

2 Cierra los ojos y mantén una conversación por teléfono con tu compañero o compañera. Después, comentad si os habéis sentido escuchados y si habéis utilizado un tono de voz adecuado.

en Resumen

Repasa la unidad y completa este resumen en tu cuaderno.

poesía | átonas | sílaba tónica | predicado | frase hecha | oración | acotaciones

- Una ______ es un grupo de palabras que se utiliza siempre en el mismo orden y que tiene un significado fijo.
- La sílaba que se pronuncia más fuerte en una palabra se llama ______
- El resto de las sílabas se llaman sílabas ______
- La ______ tiene dos partes: el sujeto y el predicado. El **sujeto** indica quién realiza la acción. El ______ indica la acción que realiza el sujeto.
- Para escribir una ______ con rima es necesario que las últimas palabras de los versos terminen igual o parecido.
- En las obras de **teatro** aparecen ______. Son las indicaciones sobre el decorado, el vestuario, la entonación, las acciones o los gestos de los actores.

ACTIVIDADES PARA REVISAR TU ORTOGRAFÍA

1. *Lee el texto y clasifica las palabras destacadas, según cuál es su sílaba tónica. Después, copia el dictado en tu cuaderno.*

Desde que el palacio se **llenó** de niños, el pequeño rey **jamás** volvió a estar aburrido. ¡Ahora tenía amigos con quien jugar entre los **árboles** y escuchar el canto de los **pájaros**! Se **divertía** mucho, y los días y las noches se le **hacían** cada vez más y más cortos. A veces recordaba **épocas** pasadas, en que se pasaba el **día** solo. Pero todo había cambiado: ahora el rey era feliz.

última sílaba | penúltima sílaba | antepenúltima sílaba

2. *Escribe en tu cuaderno el nombre de estos dibujos y rodea la sílaba tónica de cada una de las palabras.*

1. Completa los bocadillos con estas *frases hechas.*

en un abrir y cerrar de ojos

llover a cántaros de ojos

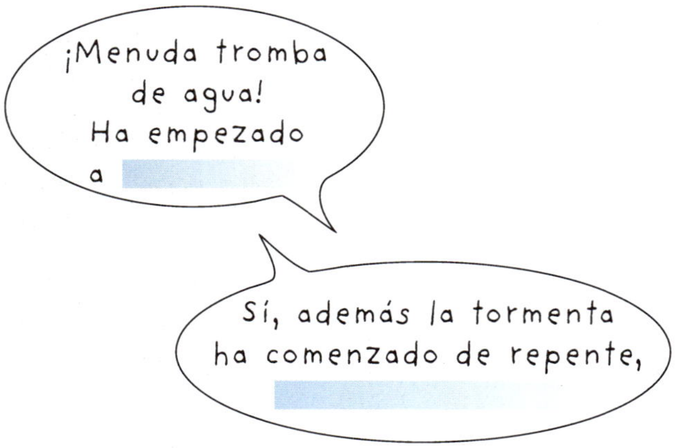

2. Copia estas oraciones y subraya en rojo el sujeto y en azul el predicado.

- Elena subió a la cima de la montaña.
- Rubén contó un chiste muy gracioso.
- El pirata guardaba su tesoro en un cofre.
- Las plantas florecieron antes de lo esperado.

3. Escribe en tu cuaderno una oración con el nombre de cada dibujo.

4. Copia en tu cuaderno las palabras compuestas que hay en estas oraciones y escribe las palabras simples que forman cada una.

- A Ismael le gusta completar los pasatiempos del periódico infantil.
- Mi familia y yo solemos pasear juntos por el rompeolas.
- ¿Me traes el quitamanchas, por favor?
- Raquel y Diana llevan un paraguas amarillo.

5. Transforma esta oración en enunciativa negativa, interrogativa y exclamativa.

Nos vamos de vacaciones.

6. Fíjate en las palabras destacadas de esta poesía y complétala en tu cuaderno con las palabras que riman.

entornados color

Colorada es la manzana
del lado que le da el **sol**;
del lado que no le da,
blanca tiene la

El pimiento ha de ser verde;
los tomates, **colorados**;
la berenjena, espinosa,
los ojitos,

POPULAR

PON A PRUEBA TUS COMPETENCIAS

1. *¿Qué es Dinópolis?*
   a) Una ciudad con árboles y un lago.
   b) Un parque sobre el tema de los dinosaurios.
   c) Una estación de tren con columpios.

2. *¿De qué color aparecen señalados los talleres de Dinópolis? ¿De qué color aparecen señalados los servicios públicos (teléfonos, aseos...)?*

3. *Fíjate en el mapa y responde.*
   - Localiza dónde está la sala de juegos. A continuación, señala dónde están los baños más cercanos y el espectáculo más cercano.
   - ¿Qué nombre tiene la atracción que se desarrolla sobre unas vías de tren?
   - Localiza dónde está la sala de los grandes dinosaurios.
   - Imagina que acabas de salir del cine y te gustaría ir a los Rocajuegos o al Sauriopark. ¿Cuál tienes más cerca?
   - Localiza todos los lugares donde se puede comer algo. ¿Qué diferencia hay entre unos y otros?
   - ¿Dónde se puede comprar un recuerdo de Dinópolis?
   - ¿Cómo llegarías desde la Paleosenda al teléfono más cercano?

Autoevaluación de la unidad 15

JUEGOS DE LENGUAJE

1 Resuelve estas adivinanzas. ¿De qué profesión se trata en cada caso?

De casa en casa va,
con muchas palabras va.
Llama a la puerta ya,
y si allí tú no estás,
en el buzón te las dejará.

Letra tras letra,
no para de inventar.
Y su cabeza solo piensa
en historias que contar.

2 Escribe el nombre de estos dibujos y forma un sustantivo con la primera letra de cada palabra.

3 Observa en la máquina del tiempo y escribe en tu cuaderno las formas verbales que saldrán en cada caso.

ayudar
conocer
venir

PASADO →
PRESENTE →
FUTURO →

4 Fíjate en cómo terminan las palabras destacadas y completa la poesía con los infinitivos del recuadro. Después, recítalo.

comenzar	divertir	traer

Niños, niñas, ¡**venid**!,
que en el centro de esta plaza
nos vamos a ______

Niños, niñas, ¡**comed**!,
que estos ricos manjares
los acaban de ______

Niños, niñas, ¡**bailad**!,
que estando ya todos juntos
la fiesta va a ______

MARI CARMEN GONZÁLEZ

PARA TROTAMUNDOS

5 Resuelve estos jeroglíficos y descubre tres palabras compuestas.

abre + 

pasa + 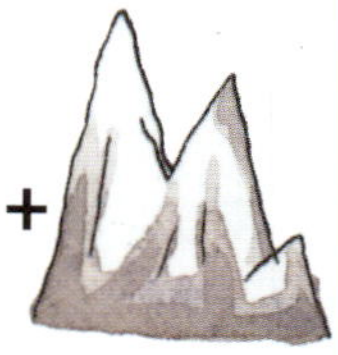

casca + 

6 Une los globos del mismo color y forma sustantivos. Después, rodea la sílaba tónica de cada uno.

7 ¿Qué dibujos aparecen solo una vez? Escribe sus nombres.

8 Fíjate en las camisetas de estos niños y señala el camino que debe seguir cada uno para llegar a su meta.

máscara
tiburón
flotador
bebé
luna
lápiz
pera
ángeles
termómetro

AGUDAS
LLANAS
ESDRÚJULAS

9 Sustituye los dibujos por palabras y forma pareados.

Subiendo por la mont**aña**
vi esconderse a una 

Dentro de aquella 
me encontré con una p**asa**.

AMAR

PRESENTE

Yo amo
Tú amas
Él ama
Nosotros amamos
Vosotros amáis
Ellos aman

PASADO

Pretérito imperfecto	Pretérito perfecto simple	Pretérito perfecto compuesto
Yo amaba	Yo amé	Yo he cantado
Tú amabas	Tú amaste	Tú has cantado
Él amaba	Él amó	Él ha cantado
Nosotros amábamos	Nosotros amamos	Nosotros hemos cantado
Vosotros amabais	Vosotros amasteis	Vosotros habéis cantado
Ellos amaban	Ellos amaron	Ellos han cantado

FUTURO

Yo amaré
Tú amarás
Él amará
Nosotros amaremos
Vosotros amaréis
Ellos amarán

TEMER

PRESENTE

Yo temo
Tú temes
Él teme
Nosotros tememos
Vosotros teméis
Ellos temen

PASADO

Pretérito imperfecto	Pretérito perfecto simple	Pretérito perfecto compuesto
Yo temía	Yo temí	Yo he temido
Tú temías	Tú temiste	Tú has temido
Él temía	Él temió	Él ha temido
Nosotros temíamos	Nosotros temimos	Nosotros hemos temido
Vosotros temíais	Vosotros temisteis	Vosotros habéis temido
Ellos temían	Ellos temieron	Ellos han temido

FUTURO

Yo temeré
Tú temerás
Él temerá
Nosotros temeremos
Vosotros temeréis
Ellos temerán

ORTOGRAFÍA

Mayúsculas

- Los **nombres propios** y los apellidos de las personas: ***A**licia **M**artínez.*
- Los nombres de **ciudades** y **países**: ***G**ranada, **P**ortugal.*
- Los nombres de **montañas**, **ríos** y **mares**: ***P**irineos, **T**ajo, **C**antábrico.*

Minúsculas

- Los **días** de la semana: ***l**unes, **m**artes, **m**iércoles...*
- Los **meses** del año: ***e**nero, **f**ebrero, **m**arzo...*
- Las **estaciones**: ***p**rimavera, **v**erano, **o**toño, **i**nvierno.*

Punto

- Al **final** de una **oración**: *Ayer fuimos a nadar al lago***.**

Signos de interrogación

- Al **principio** y al **final** de una **pregunta**: **¿***Cuándo vamos al teatro***?**

Signos de exclamación

- Al **principio** y al **final** de una **exclamación**: **¡***Qué bien lo has hecho***!**

Dos puntos

- Antes de una **enumeración**: *A la fiesta vinieron todos mis primos***:** *Ana, Carlos...*
- Después del **saludo** de una **carta**: *Queridos abuelos***:**

Coma

- Para separar los **elementos** de una **enumeración**:
  *En la mochila tengo de todo: lápices***,** *pinturas***,** *cuadernos y libros.*

MP

- Se escribe **m** antes de **p**:

columpio — lámpara
trompeta — cantimplora

MB

- Se escribe **m** antes de **b**:

tambor — bombero
comba — tumbona

R

- Se escribe **r** al principio de la palabra y entre vocales cuando la *r* suena suave:

raqueta — aho**r**a
rojo — pa**r**aguas

RR

- Se escribe **rr** entre vocales cuando la *r* suena fuerte:

piza**rr**a — a**rr**oz
go**rr**a — pe**rr**o

Z

- Se escriben con **z** las sílabas **za**, **zo**, **zu**:

zapato — a**zu**lejo
mar**zo** — ta**za**

C

- Se escriben con **c** las sílabas **ce**, **ci**:

cebra — **ci**nco
quin**ce** — die**ci**séis

J

- A veces se escriben con **j** las sílabas **je**, **ji**:

jersey — **ji**rafa
a**je**drez — **ji**nete

G

- A veces se escriben con **g** las sílabas **ge**, **gi**:

geranio — **gi**rasol
genio — **gi**mnasia

B

- Se escriben con **b** los verbos terminados en **-bir**:

escri**bir** — reci**bir**
prohi**bir** — perci**bir**

excepto: her**vir** — vi**vir** — ser**vir**

H

- Se escriben con **h** las palabras que empiezan por **hie-**, **hue-**:

hielo — **hie**na — **hue**so — **hue**vo
hierba — **hie**rro — **hue**rta — **hue**lla

Y

- Se escriben con **y** final estas palabras:

re**y** — bue**y** — ho**y** — vo**y**
jerse**y** — le**y** — esto**y** — ha**y**